A Trip to China

Intermediate Reader of Modern Chinese

Text

A Trip to China

華夏行

現代漢語中級讀本

Intermediate Reader of Modern Chinese

Text

周質平

Chih-p'ing Chou

Princeton University Press
Princeton, New Jersey

Published by Princeton University Press, 41 William Street,
Princeton, New Jersey 08540
In the United Kingdom: Princeton University Press,
Chichester, West Sussex

Library of Congress Cataloging-in-Publication Data

Chou, Chih-p' ing, 1947–
A trip to China : intermediate reader of modern Chinese / Chih
-p' ing Chou = [Hua-hsia hsing : hsien tai Han yü chung chi tu pen /
Chou Chih-p' ing].
p. cm.
Contents: [1.] Text / Chih-p' ing Chou—[2.] Vocabulary, grammar
notes, exercises / Der-lin Chao.
Includes bibliographical references and index.
ISBN 0-691-02883-4 (pbk. : alk. paper)
1. Chinese language—Textbooks for foreign speakers—English.
2. Chinese language—Readers. I. Chao, Der-lin, 1957– II. Title
PL1129.E5C439 1996
495.1'86421—dc20 96-33654

The publisher would like to acknowledge Professor Chih-p'ing Chou for providing the camera-ready copy from which the text volume was printed, and Professor Der-lin Chao for providing the camera-ready copy for the volume containing the vocabulary, grammar notes, and exercises

Princeton University Press books are printed on acid-free paper and meet the guidelines for permanence and durability of the Committee on Production Guidelines for Book Longevity of the Council on Library Resources

http://pup.princeton.edu

Printed in the United States of America

3 5 7 9 10 8 6 4 2

目　录

英文序 …………………………………………… vii

中文序 …………………………………………… ix

第 1课　到了北京………………………………… 2

第 2课　厕所里没有卫生纸……………………… 4

第 3课　报到・注册……………………………… 6

第 4课　学生食堂………………………………… 8

第 5课　我是个穷学生…………………………… 10

第 6课　不干不净吃了没病……………………… 12

第 7课　加州牛肉面……………………………… 14

第 8课　没有什么大不同………………………… 18

第 9课　要求太高了……………………………… 20

第10课　为什么不排队？………………………… 24

第11课　Privacy………………………………… 26

第12课　走后门…………………………………… 30

第13课　老外上当………………………………… 34

第14课　北京的早晨……………………………… 38

第15课　北京的夏天……………………………… 42

第16课　北京的交通……………………………… 46

第17课　打的……………………………………… 50

第18课　换房间…………………………………… 54

第19课　麦当劳……………………………… 58
第20课　大家向"钱"看………………………… 62
第21课　原子弹不如茶叶蛋……………………… 66
第22课　个体户…………………………………… 70
第23课　《华夏行》是不是一本好教材？………… 74
第24课　单位与个人……………………………… 80
第25课　中国的妇女……………………………… 84
第26课　离婚……………………………………… 88
第27课　家里的小皇帝…………………………… 92
第28课　读书和考试……………………………… 96
第29课　可怜的名胜古迹………………………… 100
第30课　中国不是博物馆………………………… 104
第31课　长江三峡………………………………… 108
第32课　苏州·杭州……………………………… 112
第33课　现在好还是从前好？…………………… 118
第34课　海峡两岸………………………………… 124
第35课　中国的方言……………………………… 128
第36课　中国的文字改革………………………… 132
生字索引
　汉语拼音索引…………………………………… 138
　英文索引………………………………………… 157

PREFACE

A Trip to China parallels *Intermediate Reader of Modern Chinese* (Princeton University Press, 1992) in that both are intended for American college students who have studied one year of Chinese. The two have different foci in their content. *Intermediate Reader of Modern Chinese* mainly reflects American campus life, whereas *A Trip to China* discusses Chinese people and current issues in China from the point of view of an American student.

Most Chinese textbooks currently available focus on introducing China, but almost all look at China from a Chinese point of view and thus unavoidably contain a certain degree of nationalism. When introducing China, it seems necessary to extol the greatness of Chinese culture and the magnificence of the Chinese. In this textbook, we attempt to observe the full complexity of Chinese society from the point of view of an American student living in China. We frankly point out the hypocrisy and deceit that can lurk behind Chinese modesty and civility. We also hope to reflect the wide diversity of Chinese society through simple, everyday experiences.

This textbook contains no Chinese historical anecdotes or political propaganda. What it conveys is the China seen by an American student of beginning Chinese. Joy, excitement, perplexity and disappointment are all present. China's beauty and ugliness are both revealed through analysis, explanation and debate. We believe that the students' interest in learning Chinese is aroused only by reflecting the many facets of Chinese society. If we are sometimes provocative, it is because we believe this is a useful way to engage the language student. We do not intend for this textbook to propagate any ideology or political philosophy.

The last few chapters deal with current social and intellectual concerns important in modern Chinese society. Content thus shifts from daily life to the discussion of issues. The latter portion is designed to prepare students for entry into newspaper or advanced reading classes and leads into one of the following three textbooks all published by Princeton University Press: *Newspaper Readings: The USA in the People's Daily, Advanced Reader of Modern Chinese: China's Own Critics*, and *Advanced Reader of Modern Chinese: China's Peril & Promise.*

The text is in two volumes. The first contains lessons with simplified and traditional characters in juxtaposition, written by Chih-p'ing Chou. The second, by Der-lin Chao, contains vocabulary, grammar notes and exercises. Attached in Volume I are two separate vocabulary indexes in Pinyin and English. Volume II contains a sentence pattern index. Additionally, we have prepared audiocassettes for use as supplemental teaching material. The original draft of this book was completed in the summer of 1992 and was used by the *Princeton in Beijing* summer program from 1993 to 1995. During this time, many other schools have adopted it as their textbook. While trying out the book, many teachers have offered valuable suggestions about both content and structure. We are unable to thank them individually here.

While writing this textbook, Professor Perry Link has been most encouraging and has provided valuable advice. Our heartfelt appreciation goes to him. At the final stage, our colleagues from the East Asian Studies Department at Princeton University - Hai-t'ao T'ang, Xuedong Wang, Zhiqiang Yu, Ying Wang, Lung-hua Hu and Zhijun Mu - as well as Kai Li of Oberlin College and Professor Qing-fu Liu and Ms. Yijing Ji of Beijing Normal University, all carefully reviewed the text in its entirety and offered suggestions. We especially want to thank them. In addition to offering comments, Joanne Chiang also wrote calligraphy for the cover. We would like to express our deepest gratitude.

Mr. Matthew Roberts, Ms. Helen McCabe, Ms. Kim Nerres-Cooke and Ms. Cindy Wong have reviewed the English in the glossaries, sentence patterns and exercises; without their painstaking efforts, this book could not possibly be published now, and we are very grateful.

Chih-p'ing Chou
Der-lin Chao
December 29, 1995

序

《华夏行》与我们1992年由普林斯顿大学出版社印行的《现代汉语中级读本》都是为在美国大学学过一年现代汉语的学生而编写的。但在内容上各有不同的着重。《现代汉语中级读本》主要反映美国大学生的校园生活，而《华夏行》则是透过一个美国学生来谈中国的人与事。

坊间现有的汉语读本大多以介绍中国为主，但几乎全是从中国人的角度来看中国，结果免不了带着一定程度的民族主义色彩：不介绍中国则已，一介绍就必须说中国文化的伟大，中华民族的壮盛。在这本语言教科书里我们试着透过一个美国学生来看中国社会的众生相；我们不客气地指出中国人谦虚客套的背后也往往隐藏着虚伪与狡诈；我们也希望从日常的一些小经验中反映中国社会的多样并存。

在这本教科书里既没有“草船借箭”、“牛郎织女”这类历史故事，也没有“八路军”、“天安门”的政治宣传。这本教科书所体现的是一个初学汉语的美国学生所看到的中国社会。这里有他的喜悦，他的兴奋，也有他的迷惘和失望。中国的可爱和丑陋都有部份的呈露。其中有分析、解释和辨论，但我们也不否认有些是个人的偏见和好恶。我们相信只有多方面的反映中国社会才能引发学生学习汉语的兴趣。

本书的最后几课介绍了一些近年来中国人比较关心的议题，课文的内容从日常生活进到了问题的讨论。这一部份是为了学生日后读报和进入高级读本所作的准备工作，和普林斯顿大学所出《人民日报笔下的美国》与《现代汉语高级读本：中国知识份子的自省》与《现代汉语高级读本:中国的危急与希望》三本教科书是前后衔接的。

这本教科书的写定，依旧是本着我们多年来的原则：内容为语言服务。我们丝毫无意借着这本教科书的印行来传达任何的意识形态或政治思想。我们除了为学习中文的学生服务以外,是不为任何其他制度或思想服务的。

本书分两册。第一册是由周质平所写的课文，采繁简两体并列方式。第二册是由赵德麟所编的生词、句型和练习。在第一册课文之后,我们编了两个索引。第一个是汉语拼音索引,第二个是英文索引。此外，我们录制了录音带作为辅助教材。本书初稿成于1992年夏天，过去三年来在普林斯顿大学北京汉语短训班试用。其间也有不少学校采用本书作为教材。试用期间许多老师都对本书内容和结构提出了宝贵的意见，我们无法在此一一道谢了。

本书在编写过程中，普林斯顿大学东亚系的林培瑞教授对我们多方协助，我们非常感激。在定稿的阶段，中文组的同事：唐海涛、王学东、俞志强、王颖、胡龙华、牧之筠诸位老师和奥柏林学院的李恺老师，北京师范大学的刘庆福教授和季益静老师都曾仔细看过全文提出意见，我们要特别向他们致谢。杨玖老师除了为本书提出改正意见以外，并为本书题字，在此表示我们感谢之忱。

普大中国语文教研室的Matt Roberts、Helen McCabe、Kim Nerres-Cooke和Cindy Wong作了许多校改、输入和编定索引的工作，没有他们的努力，这本书是不可能在此时出版的，我们在此深致谢忱。

周质平　赵德麟

一九九五年十二月二十九日

A Trip to China

Intermediate Reader of Modern Chinese

Text

第一课
到了北京

飞机今天晚上六点半钟降落在(1)北京首都国际机场，通过海关以后，很顺利地找到了学校外事处派来接我的张先生。因为飞机误点，他在机场等了我三个多(2)小时，真让(3)我觉得不安。

我们坐上了一部小面包车(4)，从机场开了一个多小时才(5)到宿舍。在路上(6)，我从来(7)没见过这么多人骑自行车，这对我来说(8)非常新鲜。

今天坐了十几个小时的飞机，累极了，也兴奋极了。

第一課
到了北京

飛機今天晚上六點半鐘降落在[1]北京首都國際機場，通過海關以後，很順利地找到了學校外事處派來接我的張先生。因爲飛機誤點，他在機場等了我三個多[2]小時，真讓[3]我覺得不安。

我們坐上了一部小麵包車[4]，從機場開了一個多小時才[5]到宿舍。在路上[6]，我從來[7]没見過這麽多人騎自行車，這對我來説[8]非常新鮮。

今天坐了十幾個小時的飛機，累極了，也興奮極了。

第二课
厕所里没有卫生纸

在中国有一件事很不方便，就是公共厕所里都没有卫生纸。卫生纸一定得随身带着(1)。今天幸亏(2)厕所里有人，他“救”了我，不然(3)真要出大问题了！在美国我从来没有为了(4)上厕所这么紧张过。这是来中国以后学到的第一课。

来中国以前，父母一再问我中国有没有电灯、自来水，其实中国并没有他们想象的那么落后，宿舍里都有电扇和热水瓶。只是外国学生都喝冰水，热水瓶用不着(5)。我起先还以为热水瓶里头装的是冰块儿呢！洗澡的热水不是全天供应，比较(6)不方便。好在(7)天气热，洗冷水澡也很舒服。

第二課

厕所裏没有衛生紙

在中國有一件事很不方便，就是公共厕所裏都没有衛生紙。衛生紙一定得隨身帶着(1)。今天幸虧(2)厕所裏有人，他“救”了我，不然(3)真要出大問題了！在美國我從來没有爲了(4)上厕所這麽緊張過。這是來中國以後學到的第一課。

來中國以前，父母一再問我中國有没有電燈、自來水，其實中國並没有他們想像的那麽落後，宿舍裏都有電扇和熱水瓶。只是外國學生都喝冰水，熱水瓶用不着(5)。我起先還以爲熱水瓶裏頭裝的是冰塊儿呢！洗澡的熱水不是全天供應，比較(6)不方便。好在(7)天氣熱，洗冷水澡也很舒服。

第三课

报到．注册

因为时差的关系，早上三点钟就醒了[1]。我看天还没亮，在床上又[2]躺了两个小时。五点的时候想给纽约家里打个电话，问了总机才知道打国际长途必须用一个特别的电话。妈妈在电话里问了许多中国的情况，她很不放心。其实北京比纽约安全多了，她是不必[3]担心的。

早上我去报到和注册，外事处的人都很和气，也很愿意帮我忙[4]。后来[5]我去银行换了一些人民币。在中国人人都用现金，我很不习惯。在美国用惯了[6]信用卡和支票，随身带着几百块钱真觉得不安全。

第三課

報到．註册

因爲時差的關係，早上三點鐘就醒了(1)。我看天還沒亮，在床上又(2)躺了兩個小時。五點的時候想給紐約家裏打個電話，問了總機才知道打國際長途必須用一個特別的電話。媽媽在電話裏問了許多中國的情況，她很不放心。其實北京比紐約安全多了，她是不必(3)擔心的。

早上我去報到和註册，外事處的人都很和氣，也很願意幫我忙(4)。後來(5)我去銀行換了一些人民幣。在中國人人都用現金，我很不習慣。在美國用慣了(6)信用卡和支票，隨身帶着幾百塊錢真覺得不安全。

第四课
学生食堂

这个学校，校园很大，树也不少；只是校舍很久没有修(1)，看起来(2)比较旧。我最喜欢的是四合院的中式建筑，红墙绿瓦，就象在书上看到的中国房子，可惜这种房子已经不多了。

外国学生都在留学生食堂吃饭。其实我很愿意去中国学生食堂，可是外办说，中国学生食堂的菜不如(3)留学生食堂的好。不过外国人见了面(4)都说英文，在留学生食堂里没有机会练习中文，所以今天我去了中国学生食堂，饭菜虽然差些(5)，但是价钱便宜得多。我还交了几个中国朋友，练习了中国话。以后我要常去中国学生食堂吃饭。

第四課
學生食堂

這個學校，校園很大，樹也不少；只是校舍很久沒有修(1)，看起來(2)比較舊。我最喜歡的是四合院的中式建築，紅牆綠瓦，就像在書上看到的中國房子，可惜這種房子已經不多了。

外國學生都在留學生食堂吃飯。其實我很願意去中國學生食堂，可是外辦說，中國學生食堂的菜不如(3)留學生食堂的好。不過外國人見了面(4)都說英文，在留學生食堂裏沒有機會練習中文，所以今天我去了中國學生食堂，飯菜雖然差些(5)，但是價錢便宜得多。我還交了幾個中國朋友，練習了中國話。以後我要常去中國學生食堂吃飯。

第五课
我是个穷学生

中国人对(1)外国人一般来说都很客气，但有时外国人也会受到(2)不平等的待遇。譬如: 去故宫参观，外国人的门票比中国人的贵好几倍！我觉得真不公平！要是一个中国人去华盛顿参观博物馆得付比美国人多好几倍的钱，我相信，我的中国朋友也会觉得很不舒服的。其实象我这种穷学生,没有任何(3)收入，来中国念书还得靠奖学金，一点儿也不(4)比中国人有钱。他们常说我小气，他们哪里(5)知道我是靠奖学金过日子的穷学生啊！

第五課

我是個窮學生

中國人對(1)外國人一般來說都很客氣，但有時外國人也會受到(2)不平等的待遇。譬如: 去故宮參觀，外國人的門票比中國人的貴好幾倍！我覺得真不公平！要是一個中國人去華盛頓參觀博物館得付比美國人多好幾倍的錢，我相信，我的中國朋友也會覺得很不舒服的。其實像我這種窮學生,沒有任何(3)收入，來中國念書還得靠獎學金，一點儿也不(4)比中國人有錢。他們常說我小氣，他們哪裏(5)知道我是靠獎學金過日子的窮學生啊！

第六课
不干不净吃了没病

甲: 昨天晚上你们在哪儿吃饭啊？

乙: 我们去了学校对面的那家四川馆子。

甲: 他们的菜怎么样？

乙: 辣极了！但是很好吃。

甲: 你们叫了什么菜啊？

乙: 我们叫了一个麻婆豆腐，一个牛肉炒青椒，还有一条红烧鱼。

甲: 贵不贵啊？

乙: 贵倒是[1]不贵，可是有点儿[2]脏，我在炒牛肉里发现了一个苍蝇，桌上还有蟑螂呢。

甲: 菜里有苍蝇，真恶心。

乙: 我倒[3]觉得无所谓[4]，中国人说:“不干不净，吃了没病[5]。”美国人总是讲营养，讲卫生，但是得癌症和心脏病的人比中国人多多了。别担心。

第六課

不乾不淨吃了沒病

甲: 昨天晚上你們在哪儿吃飯啊？

乙: 我們去了學校對面的那家四川館子。

甲: 他們的菜怎麽樣？

乙: 辣極了! 但是很好吃。

甲: 你們叫了什麽菜啊？

乙: 我們叫了一個麻婆豆腐，一個牛肉炒青椒，還有一條紅燒魚。

甲: 貴不貴啊？

乙: 貴倒是(1)不貴，可是有點儿(2)髒，我在炒牛肉裏發現了一個蒼蠅，桌上還有蟑螂呢。

甲: 菜裏有蒼蠅，真惡心。

乙: 我倒(3)覺得無所謂(4)，中國人說: “不乾不淨，吃了沒病(5)。” 美國人總是講營養，講衛生，但是得癌症和心臟病的人比中國人多多了。別擔心。

第七课

加州牛肉面

甲: 学校附近有家加州牛肉面馆，你去过没有？

乙: 加州是什么意思？

甲: 加州就是“California”。

乙: 是吗？我是从加州来的(1)，我在加州从来没见过加州牛肉面。

甲: 这真有意思。我在北京看到了许多牛肉面的馆子，最大的是加州牛肉面，也有的叫新加坡牛肉面，或台湾牛肉面，就是没见过北京牛肉面。真是奇怪!

乙: 我真不懂，明明(2)是北京牛肉面，为什么一定要说是从加州来的呢？

甲: 其实只要(3)价廉物美，我才(4)不管牛肉面是从哪儿来的呢!

乙: 中国人一方面(5)常说“中国的吃,世界第一”，但是另一方面却连(6)牛肉面都得用“加州”来(7)作招牌，这不是有趣的矛盾吗(8)？

第七課

加州牛肉麵

甲: 學校附近有家加州牛肉麵館，你去過沒有？

乙: 加州是什麽意思？

甲: 加州就是“California”。

乙: 是嗎？我是從加州來的(1)，我在加州從來没見過加州牛肉麵。

甲: 這真有意思。我在北京看到了許多牛肉麵的館子，最大的是加州牛肉麵，也有的叫新加坡牛肉麵，或台灣牛肉麵，就是没見過北京牛肉麵。真是奇怪!

乙: 我真不懂，明明(2)是北京牛肉麵，爲什麽一定要説是從加州來的呢？

甲: 其實只要(3)價廉物美，我才(4)不管牛肉麵是從哪儿來的呢!

乙: 中國人一方面(5)常説“中國的吃,世界第一”，但是另一方面却連(6)牛肉麵都得用“加州”來(7)作招牌，這不是有趣的矛盾嗎(8)？

甲:　我想将来说不定(9)还会有"纽约烤鸭"和"华盛顿涮羊肉"(10)呢。

甲:　我想將來説不定⑼還會有“紐約烤鴨”和“華盛頓涮羊肉”⑽呢。

第八课

没有什么大不同

我在美国的中文老师常说中国人都是这样的，中国人都是那样的。比方说："中国孩子都很孝顺父母，中国学生都很尊敬(1)老师"。"中国人见了面从来不拥抱"，"中国人都很客气"。他们把中国人说得好象是(2)另外一种人，跟美国人完全不一样。这次我到了中国才发现中国人跟美国人并(3)没有太大的不同，中国不但(4)有批评老师的学生，也有骂父母的孩子，他们见了面偶尔也拥抱。晚上只要(5)去公园走走，一定能看到男女紧紧地抱在一起接吻。好象美国人做的事中国人也都做，我的中文老师太夸大中美的不同了，还要说：这就是中国文化，那就是美国文化，我觉得这样的教法(6)使(7)美国学生有了许多错误的看法。

第八課
没有什麽大不同

我在美國的中文老師常說中國人都是這樣的，中國人都是那樣的。比方說："中國孩子都很孝順父母，中國學生都很尊敬(1)老師"。"中國人見了面從來不擁抱"，"中國人都很客氣"。他們把中國人說得好像是(2)另外一種人，跟美國人完全不一樣。這次我到了中國才發現中國人跟美國人並(3)没有太大的不同，中國不但(4)有批評老師的學生，也有駡父母的孩子，他們見了面偶爾也擁抱。晚上只要(5)去公園走走，一定能看到男女緊緊地抱在一起接吻。好像美國人做的事中國人也都做，我的中文老師太誇大中美的不同了，還要說：這就是中國文化，那就是美國文化，我覺得這樣的教法(6)使(7)美國學生有了許多錯誤的看法。

第九课
要求太高了

甲：这个学校什么都好，就是(1)宿舍太差了。

乙：宿舍有什么问题？

甲：宿舍里又没有空调又(2)没有洗衣机。白天热得(3)想睡觉，晚上又热得睡不着觉，我简直没法儿念书。到了周末还得用手洗衣服。

乙：中国学生的宿舍都没有空调也没有洗衣机。我从来没听他们抱怨过。你们住的条件比起中国学生来(4)已经好得太多了。他们常常是五、六个人挤一间屋子，你的要求太高了。

甲：我到北京是来学习的(5)，不是来受罪的。我的要求只是起码的舒适和健康的生活环境，并不是不合理的。

乙：在你看来(6)是起码的，在中国人看来却是奢侈的。合理不合理得看(7)你的标准是什么。

甲：生活条件太差不但影响情绪也影响学习。

乙：这个我同意(8)，但是你既然(9)来了中国，为什

第九課
要求太高了

甲:　這個學校什麽都好，就是(1)宿舍太差了。

乙:　宿舍有什麽問題？

甲:　宿舍裏又沒有空調又(2)沒有洗衣機。白天熱得(3)想睡覺，晚上又熱得睡不着覺，我簡直沒法儿念書。到了週末還得用手洗衣服。

乙:　中國學生的宿舍都沒有空調也沒有洗衣機。我從來沒聽他們抱怨過。你們住的條件比起中國學生來(4)已經好得太多了。他們常常是五、六個人擠一間屋子，你的要求太高了。

甲:　我到北京是來學習的(5)，不是來受罪的。我的要求只是起碼的舒適和健康的生活環境，並不是不合理的。

乙:　在你看來(6)是起碼的，在中國人看來却是奢侈的。合理不合理得看(7)你的標準是什麽。

甲:　生活條件太差不但影響情緒也影響學習。

乙:　這個我同意(8)，但是你既然(9)來了中國，爲什么不愿意体验一下中国人的生活呢？如果你觉得空调、洗衣机、热水、电话和坐的抽水马桶这么重要，你最好还是留在美国。

麽不願意體驗一下中國人的生活呢？如果你覺得空調、洗衣機、熱水、電話和坐的抽水馬桶這麽重要，你最好還是留在美國。

第十课

为什么不排队？

在中国给我印象最坏的是：有些中国人无论(1)做什么事都不排队。从坐公共汽车到(2)上餐厅吃饭，从去银行提钱、存钱到上厕所大小便，常常都是你挤我，我挤你。刚到中国的时候，我总觉得人多的地方应该排队，所以我总是站在最后面，结果(3)公共汽车上不了，餐厅的饭吃不到，银行的钱提不出，甚至连(4)上厕所都有问题。

许多中国人不排队，主要是一个人口和经济的问题而不是(5)一个教育和道德的问题。在一个人口过多而(6)设备有限的社会里，“争先恐后”成了不可避免的情形。而“人口过多，设备有限”正是(7)中国最大的问题。

在纽约排队的情形显然就比美国的小乡镇差得多。一个人只要坐过纽约地铁，就会发现许多人也不排队。而纽约交通和停车的情形也比美国其他地方乱得多。这都是“人口过多，设备有限”的结果。

第十課
爲什麼不排隊？

在中國給我印象最壞的是: 有些中國人無論(1)做什麼事都不排隊。從坐公共汽車到(2)上餐廳吃飯，從去銀行提錢、存錢到上厠所大小便，常常都是你擠我，我擠你。剛到中國的時候，我總覺得人多的地方應該排隊，所以我總是站在最後面,結果(3)公共汽車上不了，餐廳的飯吃不到，銀行的錢提不出，甚至連(4)上厠所都有問題。

許多中國人不排隊，主要是一個人口和經濟的問題而不是(5)一個教育和道德的問題。在一個人口過多而(6)設備有限的社會裏, “爭先恐後” 成了不可避免的情形。而 “人口過多,設備有限” 正是(7)中國最大的問題。

在紐約排隊的情形顯然就比美國的小鄉鎮差得多。一個人只要坐過紐約地鐵，就會發現許多人也不排隊。而紐約交通和停車的情形也比美國其他地方亂得多。這都是 “人口過多，設備有限”的結果。

第十一课

Privacy

据说(1)在中文里找不到一个跟英文“privacy”相当的字。“隐私”这个词虽然有点儿象privacy，但是中国人不常说，而且“隐私”这个词,多少(2)有些不好的意思，所以有人说中国人没有privacy的观念。这话也许是对的。我的中国朋友常问我一些跟他们不相干的问题，比方说：我一个月赚多少钱啊(3)，有没有女朋友啊。在美国人看来，这完全是个人的事，谁也(4)没有权利问这些问题。其实,中国人觉得问这些问题并不是想发现什么秘密，而是平常谈话和表示关心的一种方式。

我想 privacy 并不是一个单纯的观念问题，这跟社会制度与经济情况是有一定的关系的。在中国，五、六个人挤在一间小屋子里是常有的事，在这样的情况下很难保持个人的隐私。再说(5)，在同一单位里，年龄、学历相同的人收入也大致差不多。所以许多事在美国是秘密的,在中国却(6)是公开的。

第十一課
Privacy

據說⑴在中文裏找不到一個跟英文“privacy”相當的字。“隱私”這個詞雖然有點儿像privacy，但是中國人不常說，而且“隱私”這個詞,多少⑵有些不好的意思，所以有人說中國人沒有privacy的觀念。這話也許是對的。我的中國朋友常問我一些跟他們不相干的問題，比方說：我一個月賺多少錢啊⑶，有沒有女朋友啊。在美國人看來，這完全是個人的事，誰也⑷沒有權利問這些問題。其實,中國人覺得問這些問題並不是想發現什麽秘密，而是平常談話和表示關心的一種方式。

我想 privacy 並不是一個單純的觀念問題，這跟社會制度與經濟情況是有一定的關係的。在中國，五、六個人擠在一間小屋子裏是常有的事，在這樣的情況下很難保持個人的隱私。再說⑸，在同一單位裏，年齡、學歷相同的人收入也大致差不多。所以許多事在美國是秘密的，在中國却⑹是公開的。

当然，也有一些事在中国人看来是私事，美国人却把这些事当成平常的话题，象离婚、收养孩子什么的(7)。

我的一些同学把中国人问人私事的习惯解释成(8)好管闲事，其实只要对中国社会多(9)了解一些，就会发现许多事在我们看来是“私事”，在他们看来却不一定是“私事”。

當然，也有一些事在中國人看來是私事，美國人却把這些事當成平常的話題，像離婚、收養孩子什麽的(7)。

我的一些同學把中國人問人私事的習慣解釋成(8)好管閑事，其實只要對中國社會多(9)了解一些，就會發現許多事在我們看來是“私事”，在他們看來却不一定是“私事”。

第十二课
走后门

在中国有件事让我很不舒服也很不习惯。这件事就是许多人都说，许多人都做，而(1)很少有人觉得可耻的“走后门”。

走后门就是不按照规定办事，而是利用关系来办原来不应该办的事，或者使原来不合法的事变得合法了。要是一个人不走后门，大家反而(2)笑他笨，笑他没有社会关系。我常看到有些人不但不以走后门为耻(3)，反而还以此为荣，觉得他有特权，能办成别人办不成的事。

因为大家都走后门，结果原来不必走后门的事也必须(4)走后门才办得通，有的时候甚至于买张火车票，订个旅馆都得靠关系。走后门成了正常的法子，不走后门反而不正常了。

走后门、讲关系是在中国的外国人最不容易理解的两件事。到底(5)有什么样的关系才可以走后门？后门到底怎么走？是先吃饭还是先送礼？吃了饭

第十二課
走後門

在中國有件事讓我很不舒服也很不習慣。這件事就是許多人都說，許多人都做，而(1)很少有人覺得可耻的“走後門”。

走後門就是不按照規定辦事，而是利用關係來辦原來不應該辦的事，或者使原來不合法的事變得合法了。要是一個人不走後門,大家反而(2)笑他笨，笑他沒有社會關係。我常看到有些人不但不以走後門爲耻(3)，反而還以此爲榮，覺得他有特權，能辦成別人辦不成的事。

因爲大家都走後門，結果原來不必走後門的事也必須(4)走後門才辦得通，有的時候甚至於買張火車票，訂個旅館都得靠關係。走後門成了正常的法子，不走後門反而不正常了。

走後門、講關係是在中國的外國人最不容易理解的兩件事。到底(5)有什麽樣的關係才可以走後門？後門到底怎麽走？是先吃飯還是先送禮？吃了飯还需要不需要送礼？送了礼还需要不需要吃饭？送什么样的礼？吃什么样的饭？这一套真是复杂极了！

我并不是说美国人都不走后门，不讲关系，但是相对来说(6)，这种情形在美国还是少些。

還需要不需要送禮？送了禮還需要不需要吃飯？送什麽樣的禮？吃什麽樣的飯？這一套真是複雜極了！

我並不是說美國人都不走後門，不講關係。但是相對來說(6)，這種情形在美國還是少些。

第十三课

老外(1)上当(2)

今天在街上跟一个路边的小贩买西红柿。他说是四斤。我怀疑这些西红柿不到(3)四斤，就去附近的国营商场称了一下。结果居然(4)不到三斤。我气极了，回去找那个小贩，坚持要他给足四斤。他不但不(5)道歉，还说这个老外真小气，竟(6)跟一个小贩计较几个西红柿。后来旁边围了一群人，好象也都同意小贩的说法，反而怪我这个老外不给小贩面子。这件事让我非常不愉快。

象今天这样(7)上当受骗的事已经不止(8)一次了。我觉得一般中国人对外国人基本上有两种态度：一种是(9)对外国人特别客气，许多需要排队等候的场合,“外宾”似乎(10)都有优先权。有时在公共汽车或火车上甚至还有人让座位给外国人。另一种态度是觉得外国人都是有钱的傻子,老外上当受骗都是应该的。上了当还去理论,这个老外不是小气就是(11)不给人面子。这两种态度都让我们老外觉得很不舒服。

第十三課

老外(1)上當(2)

今天在街上跟一個路邊的小販買西紅柿。他說是四斤。我懷疑這些西紅柿不到(3)四斤，就去附近的國營商場稱了一下。結果居然(4)不到三斤。我氣極了，回去找那個小販，堅持要他給足四斤。他不但不(5)道歉，還說這個老外真小氣，竟(6)跟一個小販計較幾個西紅柿。後來旁邊圍了一群人，好像也都同意小販的說法，反而怪我這個老外不給小販面子。這件事讓我非常不愉快。

像今天這樣(7)上當受騙的事已經不止(8)一次了。我覺得一般中國人對外國人基本上有兩種態度：一種是(9)對外國人特別客氣，許多需要排隊等候的場合,“外賓”似乎(10)都有優先權。有時在公共汽車或火車上甚至還有人讓座位給外國人。另一種態度是覺得外國人都是有錢的傻子,老外上當受騙都是應該的。上了當還去理論,這個老外不是小氣就是(11)不給人面子。這兩種態度都讓我們老外覺得很不舒服。

其实，外国人不特别笨也不特别聪明；不喜欢没有理由地受到优待，也不喜欢糊里糊涂(12)地受骗。我真希望中国人能把我当一个平常的人看待(13)，不是特别客气，也不是时时想骗我。

一个人在国外难免(14)不上当受骗。我相信很多中国人在纽约也一定有过和我今天相同的经历。

其實，外國人不特別笨也不特別聰明；不喜歡没有理由地受到優待，也不喜歡糊裏糊塗(12)地受騙。我真希望中國人能把我當一個平常的人看待(13)，不是特別客氣，也不是時時想騙我。

一個人在國外難免(14)不上當受騙，我相信很多中國人在紐約也一定有過和我今天相同的經歷。

第十四课
北京的早晨

早上不到(1)六点，就被(2)一个同学洗澡的水声给吵醒了。我不想再睡了(3)，就骑车去街上看看。

我看到街道两旁有许多人在锻炼：有的(4)打太极拳，有的做体操，有的跑步，但是给我印象最深的是成群的中、老年人在路边儿跳迪斯科。他们用一个简单的录音机放些音乐，就一对儿一对儿地(5)跳起舞来(6)了。显然他们是把跳迪斯科当作(7)运动。在这个时候我看到了中国人的另一面：他们很愿意接受外来的新东西。从吃的到穿的，从学习外语到看外国电影儿，他们对这些都非常有兴趣(8)，在这方面美国人好象比中国人还(9)保守些。你能想象成群的美国老先生老太太在街上打太极拳吗？

早晨在北京街上也偶尔能看到有人遛鸟儿。这在美国我从来没见过。遛鸟儿跟美国人遛狗有些不同(10)。美国人遛狗常常走得很快，象赶着去上班似的(11)。中国人遛鸟儿都是慢慢儿地走，显出非常悠闲

第十四課
北京的早晨

早上不到(1)六點，就被(2)一個同學洗澡的水聲給吵醒了。我不想再睡了(3)，就騎車去街上看看。

我看到街道兩旁有許多人在鍛鍊：有的(4)打太極拳，有的做體操，有的跑步，但是給我印象最深的是成群的中、老年人在路邊儿跳迪斯科。他們用一個簡單的録音機放些音樂，就一對儿一對儿地(5)跳起舞來(6)了。顯然他們是把跳迪斯科當作(7)運動。在這個時候我看到了中國人的另一面：他們很願意接受外來的新東西。從吃的到穿的，從學習外語到看外國電影儿，他們對這些都非常有興趣(8)，在這方面美國人好像比中國人還(9)保守些。你能想像成群的美國老先生老太太在街上打太極拳嗎？

早晨在北京街上也偶爾能看到有人遛鳥儿。這在美國我從來没見過。遛鳥儿跟美國人遛狗有些不同(10)。美國人遛狗常常走得很快，像趕着去上班似的(11)。中國人遛鳥儿都是慢慢儿地走，顯出非常悠閑的样子(12)。

许多美国人大概都已经不知道“悠闲”是什么了，他们连出去度假都得先安排好时间表，这在中国人看来，简直不是度假而是工作。

北京，这个几百万人的中国首都，也居然有它悠闲不忙乱的时候。我爱北京的早晨。

的樣子(12)。

許多美國人大概都已經不知道“悠閑”是什麽了，他們連出去渡假都得先安排好時間表，這在中國人看來，簡直不是渡假而是工作。

北京，這個幾百萬人的中國首都，也居然有它悠閑不忙亂的時候。我愛北京的早晨。

第十五课
北京的夏天

北京的夏天和纽约的差不多(1)，平均气温在摄氏30度左右(2)，有时能高到(3)35、6度，但是这样的日子并不太多。北京的夏天大多是晴天，午后经常有雷阵雨，下过雨以后就凉快得多了。

夏天的北京有可爱的一面(4)，也有使人厌烦的一面。从清晨的早操、遛鸟儿到午饭以后长长的午觉，和傍晚街边儿下棋、乘凉的人们，都给我一种悠闲的感觉。但是夏天的闷热潮湿所(5)带来的蚊子、苍蝇和蟑螂也成了生活里的一个大问题。有时我经过小胡同儿两边儿露天的垃圾堆，我真同情住在附近的人。

北京的夏天有不少水果和蔬菜。西瓜、桃子、西红柿和黄瓜是六月到八月最主要的蔬果。我非常喜欢这些蔬果，尤其(6)是桃子，又新鲜又好吃，真可以说是价廉物美。

夏天的北京，夜市特别多，主要是卖服装和小

第十五課
北京的夏天

北京的夏天和紐約的差不多(1)，平均氣溫在攝氏30度左右(2)，有時能高到(3)35、6度，但是這樣的日子並不太多。北京的夏天大多是晴天，午後經常有雷陣雨，下過雨以後就涼快得多了。

夏天的北京有可愛的一面(4)，也有使人厭煩的一面。從清晨的早操、遛鳥儿到午飯以後長長的午覺，和傍晚街邊儿下棋、乘涼的人們，都給我一種悠閑的感覺。但是夏天的悶熱潮濕所(5)帶來的蚊子、蒼蠅和蟑螂也成了生活裏的一個大問題。有時我經過小胡同儿兩邊儿露天的垃圾堆，我真同情住在附近的人。

北京的夏天有不少水果和蔬菜。西瓜、桃子、西紅柿和黄瓜是六月到八月最主要的蔬果。我非常喜歡這些蔬果，尤其(6)是桃子，又新鮮又好吃，真可以説是價廉物美。

夏天的北京，夜市特別多，主要是賣服裝和小吃(7)的个体户，偶尔也能看到卖日用品的小摊贩，从北京的夜市，我们看到一个新的经济体制正在形成。一种私人之间(8)的交易正在快速地成长。

我在中国的时间很短，北京的夏天给我留下了难忘的印象(9)。

吃(7)的個體户，偶爾也能看到賣日用品的小攤販，從北京的夜市，我們看到一個新的經濟體制正在形成。一種私人之間(8)的交易正在快速地成長。

我在中國的時間很短，北京的夏天給我留下了難忘的印象(9)。

第十六课

北京的交通

今天是周末，我坐公共汽车去王府井逛街。许多人都说北京的公共汽车太挤太乱，劝我不要坐。我想既然到了中国为什么不体验一下中国人的生活呢？所以我来回都坐了公共汽车。北京的公共汽车挤是挤[1]，乱是乱，但是非常便宜。在一个几百万人的大都市里能有这样的交通工具，对老百姓来说是非常方便的。我对北京地铁的印象也很好，纽约的地铁是出名地危险，偷窃、抢劫、强奸甚至于杀人都是常有的事，北京地铁就安全多了。

中国人大多骑自行车上下班。在我看来，这是个又经济又方便的交通工具，不但[2]节省了很多能源，而且也不会造成环境污染，再说骑自行车也是一种很好的运动。

美国人家家[3]都有汽车，当然又方便又舒服，但是如果全世界的人都过美国式的生活，世界上的能源问题一定会比现在严重得多。

第十六課
北京的交通

今天是週末，我坐公共汽車去王府井逛街。許多人都說北京的公共汽車太擠太亂，勸我不要坐。我想既然到了中國爲什麽不體驗一下中國人的生活呢？所以我來回都坐了公共汽車。北京的公共汽車擠是擠(1)，亂是亂，但是非常便宜。在一個幾百萬人的大都市裏能有這樣的交通工具，對老百姓來說是非常方便的。我對北京地鐵的印象也很好，紐約的地鐵是出名地危險，偷竊、搶劫、强姦甚至於殺人都是常有的事，北京地鐵就安全多了。

中國人大多騎自行車上下班。在我看來，這是個又經濟又方便的交通工具，不但(2)節省了很多能源，而且也不會造成環境污染，再說騎自行車也是一種很好的運動。

美國人家家(3)都有汽車，當然又方便又舒服，但是如果全世界的人都過美國式的生活，世界上的能源問題一定會比現在嚴重得多。

来到中国以后，我才[4]了解到在美国人的日常生活里，我们没有好好儿地利用能源和空间。一家四口住一幢有十几间屋子的房子是常有的事；到了夏天，空调整天开着，热水照常供应，这在中国都是非常奢侈、非常浪费的事。对美国人来说，过舒服的生活当然很重要，但是我们也应该为[5]世界的能源想想。

來到中國以後，我才(4)了解到在美國人的日常生活裏，我們没有好好儿地利用能源和空間。一家四口住一幢有十幾間屋子的房子是常有的事；到了夏天，空調整天開着，熱水照常供應，這在中國都是非常奢侈、非常浪費的事。對美國人來說，過舒服的生活當然很重要，但是我們也應該爲(5)世界的能源想想。

第十七课
打的

最近几年在北京发展最快的行业是出租汽车。出租汽车的大量出现一方面为北京市民提供了一种快速而方便的交通工具，但另一方面也为北京的交通带来了严重的堵塞，上下班时间不但城里的路走不通，连环城的公路也挤得不得了。

北京人把小型出租汽车叫做“的”，这大概是受了广东话的影响(1)。广东人把 taxi 叫做“的士，”所以北京人把坐出租汽车叫做“打的”；而把小型的面包车叫做“面的。”

在北京我常打面的，因为小面的又便宜又方便，而且在车上还能和司机聊天。出租汽车的司机都很喜欢谈他对各种事情的看法，从国家大事，中美关系到他自己的婚姻，孩子的教育，他都愿意发表自己的意见。他们常常毫不(2)客气地批评中国的政府并且指出社会上的问题。我从他们的谈话里不但练习了我的中文,也了解了不少中国目前的社会情况。

第十七課
打的

最近幾年在北京發展最快的行業是出租汽車。出租汽車的大量出現一方面爲北京市民提供了一種快速而方便的交通工具，但另一方面也爲北京的交通帶來了嚴重的堵塞，上下班時間不但城裏的路走不通，連環城的公路也擠得不得了。

北京人把小型出租汽車叫做“的”，這大概是受了廣東話的影響(1)。廣東人把 taxi 叫做“的士”，所以北京人把坐出租汽車叫做“打的”；而把小型的麵包車叫做“麵的”。

在北京我常打麵的，因爲小麵的又便宜又方便，而且在車上還能和司機聊天。出租汽車的司機都很喜歡談他對各種事情的看法，從國家大事，中美關係到他自己的婚姻，孩子的教育，他都願意發表自己的意見。他們常常毫不(2)客氣地批評中國的政府並且指出社會上的問題。我從他們的談話裏不但練習了我的中文,也了解了不少中國目前的社會情況。

在和出租司机谈话的时候，我觉得中国是个言论很自由的国家。

这几个星期，虽然住在中国，但是和中国人谈话聊天的机会并不如我想象得那么多(3)。一般人见了面大多只是“今天天气很好，哈，哈，哈。”或者“吃过饭了没有?”这类(4)客套话，和出租司机倒真能讨论一些生活问题。我对许多北京物价的情况和社会治安的问题都是从出租司机那儿听来的，而这些消息从《人民日报》和中央电视台的新闻里是不容易看到的。

在中国，一般说来，出租汽车的司机对他们的收入都比较满意(5)，但是他们也都说，开出租车比在单位里工作累得多了。他们每天得开差不多十二小时以上的车，才能维持比较高的生活水平。有的司机觉得这种竞争激烈的生活还不如在单位工作。

“打的”不但为我解决了“行(6)”的问题，也为我提供了学习中文和了解中国的机会。

在和出租司機談話的時候，我覺得中國是個言論很自由的國家。

這幾個星期，雖然住在中國，但是和中國人談話聊天的機會並不如我想像得那麽多(3)。一般人見了面大多只是“今天天氣很好，哈，哈，哈。”或者“吃過飯了没有?”這類(4)客套話，和出租司機倒真能討論一些生活問題。我對許多北京物價的情況和社會治安的問題都是從出租司機那儿聽來的，而這些消息從《人民日報》和中央電視台的新聞裏是不容易看到的。

在中國，一般説來，出租汽車的司機對他們的收入都比較滿意(5)，但是他們也都説，開出租車比在單位裏工作累得多了。他們每天得開差不多十二小時以上的車，才能維持比較高的生活水平。有的司機覺得這種競爭激烈的生活還不如在單位工作。

“打的”不但爲我解決了“行(6)”的問題，也爲我提供了學習中文和了解中國的機會。

第十八课

换房间

-问题不大，可是有一定的困难-

时间：某一天的下午　　　地点：留学生办公室

学生：王主任，这几天我老是睡不好，因为我隔壁就是厕所，一大早就有人洗澡、上厕所，总是把我吵醒，我希望能换一间离厕所远一点儿的屋子。不知道可不可以？

主任：照一般情况来说(1),学生的屋子分配好了以后，我们是不换的,因为宿舍都已经住满了(2),你要换房间,别人也会受到影响。

学生：可是睡不好觉，影响我第二天学习，这是很严重的问题，我宁可(3)去一间小一点儿的屋子。

主任：噢，是吗？

学生：是啊！就是因为没睡好，在教室里老打瞌睡，张老师还以为我不喜欢他的课呢！

主任：你试试早点儿睡，起来以后多喝两杯咖啡，

第十八課

換房間

-問題不大，可是有一定的困難-

時間：某一天的下午　　　地點：留學生辦公室

學生：王主任，這幾天我老是睡不好，因爲我隔壁就是厠所，一大早就有人洗澡、上厠所，總是把我吵醒，我希望能換一間離厠所遠一點儿的屋子。不知道可不可以？

主任：照一般情況來説(1),學生的屋子分配好了以後,我們是不換的,因爲宿舍都已經住滿了(2),你要換房間,別人也會受到影響。

學生：可是睡不好覺，影響我第二天學習，這是很嚴重的問題，我寧可(3)去一間小一點儿的屋子。

主任：噢，是嗎？

學生：是啊！就是因爲沒睡好，在教室裏老打瞌睡，張老師還以爲我不喜歡他的課呢！

主任：你試試早點儿睡，起來以後多喝兩杯咖啡，也许你就不会那么困了。

学生：我不习惯早睡，又不喝咖啡，所以这些都解决不了问题。

主任：那么…那么…我们在厕所门上贴张条子说："早上六点以前不可以用厕所。"你看怎么样？

学生：这不太可能吧，如果有人拉肚子怎么办呢？…再说，厕所的味道也很大，一[4]打开窗子臭味儿就进来了，实在很不舒服。

主任：那[5]你就把窗子关上吧。

学生：天气这么热，关了窗子实在受不了。

主任：这个…这个…我们再研究研究[6]。

学生：研究什么？研究臭味儿是从哪儿来的吗？还是研究洗澡的时候为什么声音这么大？

主任：我是说你要换房间大概问题不大。

学生：问题不大，到底是多大？我到底能不能换房间？什么时候能搬进去？请您明白地告诉我。

主任：这个…这个…我们还要研究研究，我看…我看…问题不大，可是有一定的困难。

也許你就不會那麽睏了。

學生：我不習慣早睡，又不喝咖啡，所以這些都解決不了問題。

主任：那麽…那麽…我們在厠所門上貼張條子說："早上六點以前不可以用厠所。"你看怎麽樣？

學生：這不太可能吧，如果有人拉肚子怎麽辦呢？…再說，厠所的味道也很大，一(4)打開窗子臭味儿就進來了，實在很不舒服。

主任：那(5)你就把窗子關上吧。

學生：天氣這麽熱，關了窗子實在受不了。

主任：這個…這個…我們再研究研究(6)。

學生：研究什麽？研究臭味儿是從哪儿來的嗎？還是研究洗澡的時候爲什麽聲音這麽大？

主任：我是說你要換房間大概問題不大。

學生：問題不大，到底是多大？我到底能不能換房間？什麽時候能搬進去？請您明白地告訴我。

主任：這個…這個…我們還要研究研究，我看…我看…問題不大，可是有一定的困難。

第十九课(1)

麦当劳(2)

吃了两个星期餐厅的饭，实在很想吃点儿美国东西。我跟几个美国同学去了麦当劳，我叫了一个汉堡包，一个炸薯条儿和一杯橘子水儿，居然花了二十几块人民币，跟美国的价钱差不多。麦当劳在美国是最大众化的快餐店，到了中国却成了高级享受了。其实北京的小吃好得很(3)。我真不懂为什么那么多中国人愿意花那么多钱吃美国最便宜的东西。

许多美国人觉得：麦当劳到了世界各国就成了美国文化的代表是一件不幸的事。我倒不觉得这是一件坏事。中国人一向认为自己吃的文化世界第一，但是北京麦当劳的生意这么好，正可以说明美国速食有很吸引人的地方。如果把中国的牛肉面、水饺拿到美国去卖，生意一定不会有麦当劳在北京这么好。

我走进麦当劳的时候，我很以自己是美国人为荣，因为那儿的空调很舒服，厕所很干净，而且服

第十九課(1)

麥當勞(2)

吃了兩個星期餐廳的飯，實在很想吃點儿美國東西。我跟幾個美國同學去了麥當勞，我叫了一個漢堡包，一個炸薯條儿和一杯橘子水儿，居然花了二十幾塊人民幣，跟美國的價錢差不多。麥當勞在美國是最大衆化的快餐店，到了中國却成了高級享受了。其實北京的小吃好得很(3)。我真不懂爲什麽那麽多中國人願意花那麽多錢吃美國最便宜的東西。

許多美國人覺得：麥當勞到了世界各國就成了美國文化的代表是一件不幸的事。我倒不覺得這是一件壞事。中國人一向認爲自己吃的文化世界第一，但是北京麥當勞的生意這麽好，正可以説明美國速食有很吸引人的地方。如果把中國的牛肉麵、水餃拿到美國去賣，生意一定不會有麥當勞在北京這麽好。

我走進麥當勞的時候，我很以自己是美國人爲榮，因爲那儿的空調很舒服，厠所很乾淨，而且服务员都很和气，效率很高，脸上也都带着笑容，这些最起码的事在中国都是不太容易找到的(4)。所以我是离开美国以后才发现麦当劳的可爱！

務員都很和氣，效率很高，臉上也都帶着笑容，這些最起碼的事在中國都是不太容易找到的(4)。所以我是離開美國以後才發現麥當勞的可愛！

第二十课

大家向“钱”看

文化大革命刚结束的时候流行着一句话叫做“向(1)前看”，意思是要大家忘了过去那些可怕的经历，把生活的希望放在将来。可是改革开放以后人人都向“钱”看了。

赚钱是应该的，美国就是一个高度商业化的国家，做什么事都讲经济效益，但赚钱也总得(2)有个原则，不能不择手段。这几个星期我在北京真正体会到了什么叫做“杀鸡取卵”。有些做买卖的人完全没有商业道德，能骗就骗(3)，能“宰”就“宰”。不只商人是这样，有时连学校都不例外！我感到整个中国社会正在恶性地商业化，而许多单位都把“创收”作为最优先的考虑。

我在中国看了不少的博物馆，公园和名胜古迹。除了(4)毛主席纪念堂,几乎(5)没有一个地方不收相当贵的门票。而且经常是买了门票以后还要买许多其他的入场券才能看到展览。我怀疑到底有多少中国

第二十課
大家向“錢”看

文化大革命剛結束的時候流行着一句話叫做“向(1)前看”，意思是要大家忘了過去那些可怕的經歷，把生活的希望放在將來。可是改革開放以後人人都向“錢”看了。

賺錢是應該的，美國就是一個高度商業化的國家，做什麽事都講經濟效益，但賺錢也總得(2)有個原則，不能不擇手段。這幾個星期我在北京真正體會到了什麽叫做“殺鷄取卵”。有些做買賣的人完全没有商業道德，能騙就騙(3)，能“宰”就“宰”。不只商人是這樣，有時連學校都不例外！我感到整個中國社會正在惡性地商業化，而許多單位都把“創收”作爲最優先的考慮。

我在中國看了不少的博物館，公園和名勝古迹。除了(4)毛主席紀念堂,幾乎(5)没有一個地方不收相當貴的門票。而且經常是買了門票以後還要買許多其他的入場券才能看到展覽。我懷疑到底有多少中國人买得起(6)这样贵的门票。我真担心：不久以后(7)所有的名胜古迹、博物馆和公园都成了只有(8)观光客才去得起的地方了。

我相信这种大家向钱看的情形只是一个过渡的现象。等到(9)中国的经济有了进一步发展的时候，商业道德和社会风气都会渐渐提高改善的。

人買得起(6)這樣貴的門票。我真擔心: 不久以後(7)所有的名勝古迹、博物館和公園都成了只有(8)觀光客才去得起的地方了。

我相信這種大家向錢看的情形只是一個過渡的現象。等到(9)中國的經濟有了進一步發展的時候，商業道德和社會風氣都會漸漸提高改善的。

第二十一课

原子弹不如茶叶蛋

从八十年代初期以来(1)，中国在经济上(2)的快速发展引起(3)了全世界的注意，有些西方的经济学家认为中国是目前世界上第三大的经济势力,仅(4)次于美国和日本。

中国经济的快速发展当然是一件好事，但是经济发展也带来了一定的社会问题。最显著的是贫富的不平均和城乡距离的加大。

共产党在革命初期最吸引人的口号是打破贫富不均和缩小城乡距离。最近几年的发展却是和最初的口号相反(5)的。共产党革命的成功主要是靠工、农、兵的支持。但是工、农、兵却不是最近改革开放中最大的受益者。改革开放的最大受益者是一向不受共产党重视的商人；而知识分子，这个在文化大革命中受到严重迫害的阶级，在经济上却还是处于(6)社会的底层。许多教授和老师为了增加收入，改善生活都“下海”去做买卖了。有的甚至摆起了

第二十一課
原子彈不如茶葉蛋

從八十年代初期以來(1)，中國在經濟上(2)的快速發展引起(3)了全世界的注意，有些西方的經濟學家認爲中國是目前世界上第三大的經濟勢力,僅(4)次於美國和日本。

中國經濟的快速發展當然是一件好事，但是經濟發展也帶來了一定的社會問題。最顯著的是貧富的不平均和城鄉距離的加大。

共産黨在革命初期最吸引人的口號是打破貧富不均和縮小城鄉距離。最近幾年的發展却是和最初的口號相反(5)的。共産黨革命的成功主要是靠工、農、兵的支持。但是工、農、兵却不是最近改革開放中最大的受益者。改革開放的最大受益者是一向不受共産黨重視的商人；而知識份子，這個在文化大革命中受到嚴重迫害的階級，在經濟上却還是處於(6)社會的底層。許多教授和老師爲了增加收入，改善生活都“下海”去做買賣了。有的甚至擺起了小吃摊儿，也有的卖成衣。据说一个小贩的所得往往(7)是一个教授的好几倍。所以“下海”的人就越来越(8)多了。

中国人常说：“研究原子弹，不如卖茶叶蛋。”当然,我们希望这只是改革开放中的过渡现象。

小吃攤儿，也有的賣成衣。據說一個小販的所得往往(7)是一個教授的好幾倍。所以“下海”的人就越來越(8)多了。

中國人常說：“研究原子彈，不如賣茶葉蛋。”當然,我們希望這只是改革開放中的過渡現象。

第二十二课

个体户

在北京街上最引起我注意的是成千上万的个体户，有的卖衣服，有的卖食物。他们卖的东西大多又便宜又好，所以我常去小摊儿上吃东西。当然，个体户的东西便宜是便宜,可是卫生就比较差一些。许多同学吃了东西，回来就(1)拉肚子。我还算(2)幸运，到现在还没出过问题。

据我的中国朋友说，个体户虽然有钱，但是他们的社会地位并不高，许多人看不起他们，认为他们文化水平低，往往为了赚钱不择手段。

个体户是中国改革开放以后出现的现象，这些人为了(3)自己的幸福和财富而努力工作,在我看来,这是一件非常有意义(4)的事。在社会主义的制度之下(5)，大家都吃“大锅饭”，结果因为缺乏竞争所以进步很慢。现在有了个体户，社会各方面的竞争增加了，大家也渐渐认识到只有努力工作才是追求幸福和创造财富最好的保证。

第二十二課
個體户

在北京街上最引起我注意的是成千上萬的個體户，有的賣衣服，有的賣食物。他們賣的東西大多又便宜又好，所以我常去小攤ル上吃東西。當然，個體户的東西便宜是便宜,可是衛生就比較差一些。許多同學吃了東西，回來就(1)拉肚子。我還算(2)幸運，到現在還没出過問題。

據我的中國朋友説，個體户雖然有錢，但是他們的社會地位並不高，許多人看不起他們，認爲他們文化水平低，往往爲了賺錢不擇手段。

個體户是中國改革開放以後出現的現象，這些人爲了(3)自己的幸福和財富而努力工作,在我看來,這是一件非常有意義(4)的事。在社會主義的制度之下(5)，大家都吃“大鍋飯”，結果因爲缺乏競爭所以進步很慢。現在有了個體户，社會各方面的競爭增加了，大家也漸漸認識到只有努力工作才是追求幸福和創造財富最好的保證。

要是我是中国人，我倒宁可作个个体户。在政府单位里工作，虽然比较有保障，但是缺乏挑战，日子过得不够刺激(6)。个体户的生活苦是苦，但是比在一般单位吃“大锅饭”的人独立自由得多了。

要是我是中國人，我倒寧可作個個體户。在政府單位裏工作，雖然比較有保障，但是缺乏挑戰，日子過得不够刺激(6)。個體户的生活苦是苦，但是比在一般單位吃“大鍋飯”的人獨立自由得多了。

第二十三课

《华夏行》是不是一本好教材？

甲: 这学期我们中文课用了《华夏行》这本书。我非常不喜欢作者的态度。他对中国的每一件事都批评。他把中国人写成了不讲理，不客气，不老实，不排队的一群人。他甚至认为美国人不会象(1)中国人喜欢麦当劳那样喜欢牛肉面和水饺。这简直是侮辱中国人!

作者好象是用美国的标准来谈中国的事。厕所里没有卫生纸是很平常的事，很多国家的厕所都没有卫生纸，为什么一定要用这个题目来介绍中国呢？他又说中国的厕所很臭，难道(2)世界上有香的厕所吗？

我们是来中国学习中文的外国学生。如果中国这么不可爱，我为什么要学中文呢？作者的这种做法使我对中国人产生了偏见。这真是一件不幸的事。

乙: 关于(3)这本书，我完全不同意你的看法。我认

第二十三課

《華夏行》是不是一本好教材？

甲:　這學期我們中文課用了《華夏行》這本書。我非常不喜歡作者的態度。他對中國的每一件事都批評。他把中國人寫成了不講理，不客氣，不老實，不排隊的一群人。他甚至認爲美國人不會像(1)中國人喜歡麥當勞那樣喜歡牛肉麵和水餃。這簡直是侮辱中國人!

作者好像是用美國的標準來談中國的事。厠所裏沒有衛生紙是很平常的事，很多國家的厠所都沒有衛生紙，爲什麽一定要用這個題目來介紹中國呢？他又説中國的厠所很臭，難道(2)世界上有香的厠所嗎？

我們是來中國學習中文的外國學生。如果中國這麽不可愛，我爲什麽要學中文呢？作者的這種做法使我對中國人産生了偏見。這真是一件不幸的事。

乙:　關於(3)這本書，我完全不同意你的看法。我認为这本书反映的是比较真实的中国，作者对中国的许多问题都有他自己的看法，而且他谈到的问题是每个人每天都可以看到的。有一些事情虽然只是小事，但是对美国人来说却是一个新的体验。作者注意到这些小地方，正是一般教科书的作者所看不到也想不到的。在我看来，说出中国的实际情形绝不是侮辱中国人。

的确，中国有许许多多非常可爱的地方，而且绝大部分的中国人也都是善良守法而努力工作的。但是我也相信每个外国人在中国多多少少(4)都有过上当受骗的经验，也都上过脏臭不堪的厕所。这些事为什么不能说呢？难道一定要念解放军救老百姓的故事才能正确地认识中国吗？北京的麦当劳每天都客满，难道是假的吗？你能想象美国的孩子吵着(5)要吃中国的牛肉面和水饺吗？

甲：我觉得作者是个种族主义者，他看不起中国人。

爲這本書反映的是比較真實的中國，作者對中國的許多問題都有他自己的看法，而且他談到的問題是每個人每天都可以看到的。有一些事情雖然只是小事，但是對美國人來說却是一個新的體驗。作者注意到這些小地方，正是一般教科書的作者所看不到也想不到的。在我看來，說出中國的實際情形絕不是侮辱中國人。

的確，中國有許許多多非常可愛的地方，而且絕大部分的中國人也都是善良守法而努力工作的。但是我也相信每個外國人在中國多多少少(4)都有過上當受騙的經驗，也都上過髒臭不堪的厠所。這些事爲什麽不能說呢？難道一定要念解放軍救老百姓的故事才能正確地認識中國嗎？北京的麥當勞每天都客滿，難道是假的嗎？你能想像美國的孩子吵着(5)要吃中國的牛肉麵和水餃嗎？

甲: 我覺得作者是個種族主義者，他看不起中國人。

乙: 一个敢于(6)批评自己社会和同胞的人是一个又开明又有信心的人。一个不允许别人批评自己的人才是种族主义者。

甲: 不管(7)作者是不是种族主义者，这本书都误导了我们对中国的了解(8)。

乙: 你真是个不会独立思考的人！你难道不会用你自己的眼睛去看，耳朵去听，脑子去想吗？中国是个怎么样的国家我自己会判断。一本语言课本的作者是不会影响我自己的看法的。作者的每一个题目都能引起我们热烈的讨论，这是一本非常成功的教材。

乙:　一個敢於(6)批評自己社會和同胞的人是一個又開明又有信心的人。一個不允許別人批評自己的人才是種族主義者。

甲:　不管(7)作者是不是種族主義者，這本書都誤導了我們對中國的了解(8)。

乙:　你真是個不會獨立思考的人! 你難道不會用你自己的眼睛去看，耳朵去聽，腦子去想嗎？中國是個怎麽樣的國家我自己會判斷。一本語言課本的作者是不會影響我自己的看法的。作者的每一個題目都能引起我們熱烈的討論，這是一本非常成功的教材。

第二十四课
单位与个人

美国人一到中国就会发现："单位"是中国人生活中非常重要的一个名词，也是非常重要的一个观念、一个组织。单位不但决定一个人的工作，也决定一个人的住房、保险、孩子的教育、甚至于个人的婚姻。在中国，单位跟个人的关系比美国要紧密得多。

公司也好(1)，学校也好，工厂也好，对美国人来说都只是一个工作或学习的地方。单位不能决定一个人的住房，也不能决定(2)他能不能结婚，能不能出国。在美国要是你不喜欢你的工作单位，你可以找别的工作，没有任何人可以阻止你这样做。这在中国还是一个新观念，要换工作单位是一件非常困难的事。

在中国，这种个人和单位的关系一方面当然限制了个人的自由；但另一方面却也为个人的生活提供了很大的保障。一个单位所提供给个人的不只是

第二十四課
單位與個人

美國人一到中國就會發現："單位"是中國人生活中非常重要的一個名詞，也是非常重要的一個觀念、一個組織。單位不但決定一個人的工作，也決定一個人的住房、保險、孩子的教育、甚至於個人的婚姻。在中國，單位跟個人的關係比美國要緊密得多。

公司也好(1)，學校也好，工廠也好，對美國人來說都只是一個工作或學習的地方。單位不能決定一個人的住房，也不能決定(2)他能不能結婚，能不能出國。在美國要是你不喜歡你的工作單位，你可以找別的工作，沒有任何人可以阻止你這樣做。這在中國還是一個新觀念，要換工作單位是一件非常困難的事。

在中國，這種個人和單位的關係一方面當然限制了個人的自由；但另一方面却也爲個人的生活提供了很大的保障。一個單位所提供給個人的不只是他的工作,同时(3)也照顾到了他生活上的其他需要。一个刚结婚的人不必为(4)买房子付贷款而烦恼，单位会为他安排住房。生病了也不必为付不起医疗费而睡不着觉，因为有国家的健康保险。一个人更不必为他下个月有没有工作而担心，因为单位基本上是不解雇人的。

许多中国人到了美国以后觉得工作的压力太大，时时都有失去工作的恐惧。不但工作需要自己找，医疗、住房都得自己安排，这时他们才能体会到社会主义也有它的“优越性”。

许多中国人都只想到美国的自由、民主，他们所没有看到的是：自由、民主是有代价的。

他的工作,同時(3)也照顧到了他生活上的其他需要。一個剛結婚的人不必爲(4)買房子付貸款而煩惱，單位會爲他安排住房。生病了也不必爲付不起醫療費而睡不着覺，因爲有國家的健康保險。一個人更不必爲他下個月有没有工作擔心，因爲單位基本上是不解雇人的。

許多中國人到了美國以後覺得工作的壓力太大，時時都有失去工作的恐懼。不但工作需要自己找，醫療、住房都得自己安排，這時他們才能體會到社會主義也有它的“優越性”。

許多中國人都只想到美國的自由、民主，他們所没有看到的是：自由、民主是有代價的。

第二十五课
中国的妇女

我在美国大学念书的时候，常听说中国妇女的社会地位很低，受到(1)的压迫也非常厉害。历史上的贞节观念和缠足常被用作中国妇女受到压迫的证明。

这次我来中国实地观察以后，我的看法有了很大的改变：中国妇女的社会地位绝不比美国的低，许多家庭都是夫妇共同工作，而且收入也差不多，据我所知，太太收入比先生高的也不少。

在各行各业，我们都能看到女性的工作人员，从公共汽车司机到学校的办事员，从政府领导到个体户，从教授到清洁工人，都有妇女从事这些工作。在美国，有许多工作似乎只有女人才能担任，象办公室里的秘书，我从来没见过一个男人，但是在中国，男人当秘书是常有的事，而女人当单位领导一点儿也不稀奇。至于(2)在家里，许多先生也煮饭、做家务、看孩子，这种情形似乎比美国还普遍些；

第二十五課
中國的婦女

我在美國大學念書的時候，常聽說中國婦女的社會地位很低，受到(1)的壓迫也非常厲害。歷史上的貞節觀念和纏足常被用作中國婦女受到壓迫的證明。

這次我來中國實地觀察以後，我的看法有了很大的改變：中國婦女的社會地位絕不比美國的低，許多家庭都是夫婦共同工作，而且收入也差不多，據我所知，太太收入比先生高的也不少。

在各行各業，我們都能看到女性的工作人員，從公共汽車司機到學校的辦事員，從政府領導到個體户，從教授到清潔工人，都有婦女從事這些工作。在美國，有許多工作似乎只有女人才能擔任，像辦公室裏的秘書，我從來没見過一個男人，但是在中國，男人當秘書是常有的事，而女人當單位領導一點儿也不稀奇。至於(2)在家裏，許多先生也煮飯、做家務、看孩子，這種情形似乎比美國還普遍些；

家里的经济也大多是控制在女主人的手里(3)，男人领了工资常常全部交给太太，由(4)她处理。

在中国历史上有许多怕太太的故事和笑话，我想这并不是完全没有道理的。许多事一定得(5)亲眼(6)看到才能相信，光(7)听别人说是不行的。

家裏的經濟也大多是控制在女主人的手裏(3)，男人領了工資常常全部交給太太，由(4)她處理。

在中國歷史上有許多怕太太的故事和笑話，我想這並不是完全沒有道理的。許多事一定得(5)親眼(6)看到才能相信，光(7)聽別人説是不行的。

第二十六课
离婚

在传统的中国社会里，离婚是非常困难的，因此离婚的人极少。在“嫁鸡随鸡，嫁狗随狗”的传统下，一个女人为了维持一个没有爱情的婚姻往往痛苦而寂寞地过一辈子。在中国的旧社会里，虽然离婚的情形很少，但这并不表示夫妻之间都有幸福的婚姻。

二十世纪初期，由于(1)西方文化的影响，中国人，尤其是知识分子，开始追求个人自由。他们所争取的第一个自由既不是(2)言论自由，也不是信仰自由，而是婚姻自由。现在我们从二、三十年代出版的文学作品中还能清楚地看出这个要求。

一九四九年以后由于共产党的革命，社会结构起了很大的变化，妇女争取权利的要求也一天一天地提高，离婚已经不再是少见的事了。尤其是在文化大革命期间，许多夫妻因为工作和政治等种种原因被迫分居，大大地提高了离婚的人数。

第二十六課

離婚

在傳統的中國社會裏，離婚是非常困難的，因此離婚的人極少。在“嫁鷄隨鷄，嫁狗隨狗”的傳統下，一個女人爲了維持一個没有愛情的婚姻往往痛苦而寂寞地過一輩子。在中國的舊社會裏，雖然離婚的情形很少，但這並不表示夫妻之間都有幸福的婚姻。

二十世紀初期，由於(1)西方文化的影響，中國人，尤其是知識份子，開始追求個人自由。他們所爭取的第一個自由既不是(2)言論自由，也不是信仰自由，而是婚姻自由。現在我們從二、三十年代出版的文學作品中還能清楚地看出這個要求。

一九四九年以後由於共産黨的革命，社會結構起了很大的變化，婦女爭取權利的要求也一天一天地提高，離婚已經不再是少見的事了。尤其是在文化大革命期間，許多夫妻因爲工作和政治等種種原因被迫分居，大大地提高了離婚的人數。

许多人把离婚案件的增高看作是(3)社会道德水平的下降，其实离婚案件的增加也可以解释为(4)妇女地位的提高。女人在经济上和知识上都不再依靠男人,因此他们追求更多的婚姻自由,这不见得(5)是件坏事。

許多人把離婚案件的增高看作是⑶社會道德水平的下降，其實離婚案件的增加也可以解釋爲⑷婦女地位的提高。女人在經濟上和知識上都不再依靠男人,因此他們追求更多的婚姻自由,這不見得⑸是件壞事。

第二十七课
家里的小皇帝

在中国我们不常看到肥胖的成年人，却常看到过重的孩子。“小胖子”的快速增加，显示了一个严重的家庭问题，也是一个社会问题。

近年来，由于中国政府严格地推行一家一个孩子(1)的人口政策，所有的孩子都成了独生子女。他们都是父母和祖父母唯一的宝贝。他们在家里吃最好的，穿最贵的，用最新的。他们从小受到所有家人的关怀和注意。在这样环境中(2)长大的孩子常常不懂得怎么和别人相处，怎么和别人合作。他们只会要求别人为他们做事而不会为别人服务。

父母一方面把独生子女惯养成了家里的一个小皇帝，另一方面又把所有的希望都放在这个孩子的身上，在经济情况比较好的家庭里,这个孩子除了上学念书以外，还得学钢琴、小提琴、芭蕾舞…有的还要学游泳、打网球。父母恨不得(3)把这个孩子训练成无所不能的“超人”。这样过分的“培养”

第二十七課
家裏的小皇帝

在中國我們不常看到肥胖的成年人，却常看到過重的孩子。“小胖子”的快速增加，顯示了一個嚴重的家庭問題，也是一個社會問題。

近年來，由於中國政府嚴格地推行一家一個孩子(1)的人口政策，所有的孩子都成了獨生子女。他們都是父母和祖父母唯一的寶貝。他們在家裏吃最好的，穿最貴的，用最新的。他們從小受到所有家人的關懷和注意。在這樣環境中(2)長大的孩子常常不懂得怎麽和別人相處，怎麽和別人合作。他們只會要求別人爲他們做事而不會爲別人服務。

父母一方面把獨生子女慣養成了家裏的一個小皇帝，另一方面又把所有的希望都放在這個孩子的身上，在經濟情况比較好的家庭裏,這個孩子除了上學念書以外，還得學鋼琴、小提琴、芭蕾舞…有的還要學游泳、打網球。父母恨不得(3)把這個孩子訓練成無所不能的“超人”。這樣過分的“培養”

变成了对孩子重大的压力，他们没有周末也没有假日，整天学习却完全享受不到学习的乐趣。他们为父母念书，为父母考试，甚至为父母吃饭。偶尔我也和这些独生子女闲聊，发现这些小皇帝也有许多烦恼!

许多外国人常常批评中国政府的人口政策，认为生几个孩子是基本的人权，政府不应该干涉，尤其不能用强迫堕胎的方法来控制人口的增加。说这种话的人，都是不了解中国人口问题的严重。只要一个人在中国住过一段时间，就会发现中国政府人口政策的问题绝对不是控制得太严,而是控制得还不够严。

家里的小皇帝虽然因为没有兄弟姐妹而显得有点儿寂寞，但是他们却是中国历史上享受最好，生活水平最高的一代中国人。要是我是个中国孩子，我宁可(4)作个寂寞的小皇帝，也不要和七、八个兄弟姐妹挤在一间小屋子里过着连饭都吃不饱的日子。

變成了對孩子重大的壓力，他們没有週末也没有假日，整天學習却完全享受不到學習的樂趣。他們爲父母念書，爲父母考試，甚至爲父母吃飯。偶爾我也和這些獨生子女閑聊，發現這些小皇帝也有許多煩惱!

許多外國人常常批評中國政府的人口政策，認爲生幾個孩子是基本的人權，政府不應該干涉，尤其不能用强迫墮胎的方法來控制人口的增加。説這種話的人，都是不了解中國人口問題的嚴重。只要一個人在中國住過一段時間，就會發現中國政府人口政策的問題絶對不是控制得太嚴,而是控制得還不够嚴。

家裏的小皇帝雖然因爲没有兄弟姐妹而顯得有點儿寂寞，但是他們却是中國歷史上享受最好，生活水平最高的一代中國人。要是我是個中國孩子，我寧可(4)作個寂寞的小皇帝，也不要和七、八個兄弟姐妹擠在一間小屋子裏過着連飯都吃不飽的日子。

第二十八课
读书和考试

一般说来，中国人都很重视教育。即使(1)比较穷困的家庭也都尽力把孩子送到学校去念书。中国人有句古话:“万般皆下品，唯有读书高(2)。”意思是无论做什么事都不如读书好。到今天还有不少人有这种观念。

一千多年来(3)，中国一直有一种由政府主持的考试制度。任何人都可以通过这种考试而成为政府的官员。在历史上有许多来自农村的年轻人，在通过考试以后成了最有权力的大官。这个传统使中国人相信读书是走向成功的捷径。

在中国，我们一方面可以听到许多人说“读书没有用,”“毕业就是失业,”“知识分子的地位不高,”“研究原子弹不如卖茶叶蛋”这类的说法；但是另一方面我们却又能看到每年大学的入学考试竞争非常激烈，大家都想进大学念书。毕业以后还要继续念研究所或出国深造。父母大多为孩子能进

第二十八課
讀書和考試

一般説來，中國人都很重視教育。即使(1)比較窮困的家庭也都盡力把孩子送到學校去念書。中國人有句古話:“萬般皆下品，唯有讀書高(2)。”意思是無論做什麽事都不如讀書好。到今天還有不少人有這種觀念。

一千多年來(3)，中國一直有一種由政府主持的考試制度。任何人都可以通過這種考試而成爲政府的官員。在歷史上有許多來自農村的年輕人，在通過考試以後成了最有權力的大官。這個傳統使中國人相信讀書是走向成功的捷徑。

在中國，我們一方面可以聽到許多人説“讀書没有用,”“畢業就是失業,”“知識分子的地位不高,”“研究原子彈不如賣茶葉蛋”這類的説法；但是另一方面我們却又能看到每年大學的入學考試競爭非常激烈，大家都想進大學念書。畢業以後還要繼續念研究所或出國深造。父母大多爲孩子能進好学校，得高学位而感到光荣。

这两种表面上矛盾的现象却反映了一个共同的心理，就是把读书看成一种改善生活，提高社会地位的手段。这种过分功利的读书态度，常常使孩子不能充分发挥自己的兴趣。一个对音乐或画画儿有天分的孩子为了将来工作的考虑而改学会计或工程是常有的事。结果社会上少了一个一流的音乐家却多了一个三、四流的会计师。

如果总是为了一个实际的目的而读书，恐怕不容易享受到读书的乐趣。小学生为了考进中学而读书；中学生为了考进高中而读书；高中生又为了考进大学而读书；大学生为了找到一个工作而读书。这样的读书太痛苦了。难怪[4]许多人找到工作以后就再也不读书了。

好學校，得高學位而感到光榮。

這兩種表面上矛盾的現象却反映了一個共同的心理，就是把讀書看成一種改善生活，提高社會地位的手段。這種過分功利的讀書態度，常常使孩子不能充分發揮自己的興趣。一個對音樂或畫畫儿有天分的孩子爲了將來工作的考慮而改學會計或工程是常有的事。結果社會上少了一個一流的音樂家却多了一個三、四流的會計師。

如果總是爲了一個實際的目的而讀書，恐怕不容易享受到讀書的樂趣。小學生爲了考進中學而讀書；中學生爲了考進高中而讀書；高中生又爲了考進大學而讀書；大學生爲了找到一個工作而讀書。這樣的讀書太痛苦了。難怪[4]許多人找到工作以後就再也不讀書了。

第二十九课
可怜的名胜古迹

来到中国快一个半月了(1)。在过去几个星期里，我参观了北京城里和附近的许多名胜古迹，象故宫、明陵、长城、颐和园、香山和北海，我都利用周末去看了看。上个星期还趁着(2)期中考以后的长假去了一趟苏州、杭州，在南方玩儿了三、四天。

中国所有的旅游名胜都有一个共同的地方，就是人多。从北京到苏州，从长城到西湖，到处(3)都是人山人海。

来中国以前，我常从中国的山水画联想到(4)中国的山水，这当然有些幼稚；但是我也没想到(5)中国的风景名胜竟然都已经这么商业化了。几乎在任何有游客的地方都可以看到小贩们兜售着点心饮料和质量低劣的塑料纪念品。从长城到香山都没有例外。另一个让我觉得不舒服的是环境的保护做得实在不够。虽然到处都贴着“请勿随地吐痰”的标语，但随地吐痰的人却到处都是。我真担心中国人这样

第二十九課

可憐的名勝古迹

來到中國快一個半月了(1)。在過去幾個星期裏，我參觀了北京城裏和附近的許多名勝古迹，像故宮、明陵、長城、頤和園、香山和北海，我都利用週末去看了看。上個星期還趁着(2)期中考以後的長假去了一趟蘇州、杭州，在南方玩儿了三、四天。

中國所有的旅遊名勝都有一個共同的地方，就是人多。從北京到蘇州，從長城到西湖，到處(3)都是人山人海。

來中國以前，我常從中國的山水畫聯想到(4)中國的山水，這當然有些幼稚；但是我也沒想到(5)中國的風景名勝竟然都已經這麽商業化了。幾乎在任何有遊客的地方都可以看到小販們兜售着點心飲料和質量低劣的塑料紀念品，從長城到香山都沒有例外。另一個讓我覺得不舒服的是環境的保護做得實在不够。雖然到處都貼着"請勿隨地吐痰"的標語，但隨地吐痰的人却到處都是。我真擔心中國人這樣不知道保护环境，五十年，一百年以后，中国还有没有这些名胜。

随着(6)经济的改革，环境污染成了中国最严重的一个问题，从空气到自来水，几乎没有一样东西不受到污染的影响。经济改革一方面提高了人们的生活水平，另一方面却使生活环境变得一天不如一天(7)。为了发展经济,中国人正在付着可怕的代价。

不知道保護環境，五十年，一百年以後，中國還有没有這些名勝。

隨着(6)經濟的改革，環境污染成了中國最嚴重的一個問題，從空氣到自來水，幾乎没有一樣東西不受到污染的影響。經濟改革一方面提高了人們的生活水平，另一方面却使生活環境變得一天不如一天(7)。爲了發展經濟,中國人正在付着可怕的代價。

第三十课
中国不是博物馆

甲：这里本来(1)是北京的城墙，墙边儿还有许多四合院儿，后来为了修地铁，政府把城墙和四合院儿都拆了，改建成了现在的地铁站和高楼，看起来比从前整齐得多了。

乙：是吗？古老的城墙和漂亮的四合院儿就为了修地铁给(2)拆掉了，太可惜了！中国人真不懂得保存古代的文物和建筑。

甲：这有什么(3)可惜呢，我真希望北京城里的老房子、旧城墙都能拆掉，改建成现代化的高楼和高速公路，这样中国老百姓的生活水平才(4)能提高。

乙：你以为有了高楼和公路，生活水平就能提高了吗？生活的质量除了物质的条件以外也需要精神和文化的成分，一个不懂得保存过去文物的社会是不会有高质量的生活的。

甲：中国人并不是不保存古代文物，只是在实际需

第三十課

中國不是博物館

甲：這裏本來(1)是北京的城牆，牆邊儿還有許多四合院儿，後來爲了修地鐵，政府把城牆和四合院儿都拆了，改建成了現在的地鐵站和高樓，看起來比從前整齊得多了。

乙：是嗎？古老的城牆和漂亮的四合院儿就爲了修地鐵給(2)拆掉了，太可惜了！中國人真不懂得保存古代的文物和建築。

甲：這有什麽(3)可惜呢，我真希望北京城裏的老房子、舊城牆都能拆掉，改建成現代化的高樓和高速公路，這樣中國老百姓的生活水平才(4)能提高。

乙：你以爲有了高樓和公路，生活水平就能提高了嗎？生活的質量除了物質的條件以外也需要精神和文化的成分，一個不懂得保存過去文物的社會是不會有高質量的生活的。

甲：中國人並不是不保存古代文物，只是在實際需要和保存古物有冲突(5)的时候，我们觉得实际需要更重要。外国观光客常常希望中国是个博物馆，最好什么东西都不改变。要是中国人现在还过着(6)十九世纪的生活，你们就觉得中国人非常懂得保存文物古迹了吗？但是中国人也要过现代化的生活,他们也希望住现代的公寓，在现代的公路上开车，而不是一辈子挤在四合院儿里，让古老的城墙包围着，所以我觉得把城墙拆掉是件好事，一点儿也不可惜。

乙：对一个美国人来说，到了中国而(7)看不到四合院儿，听不到京戏，这是非常让人失望的。

甲：如果美国人到了中国看不到四合院儿，听不到京戏就觉得失望，那么中国人到了美国看不到西部片里头的牛仔和印地安人，是不是也应该觉得失望呢？

要和保存古物有衝突⑸的時候，我們覺得實際需要更重要。外國觀光客常常希望中國是個博物館，最好什麼東西都不改變。要是中國人現在還過着⑹十九世紀的生活，你們就覺得中國人非常懂得保存文物古迹了嗎？但是中國人也要過現代化的生活,他們也希望住現代的公寓，在現代的公路上開車，而不是一輩子擠在四合院儿裏，讓古老的城牆包圍着，所以我覺得把城牆拆掉是件好事，一點儿也不可惜。

乙：對一個美國人來說，到了中國而⑺看不到四合院儿，聽不到京戲，這是非常讓人失望的。

甲：如果美國人到了中國看不到四合院儿，聽不到京戲就覺得失望，那麼中國人到了美國看不到西部片裏頭的牛仔和印地安人，是不是也應該覺得失望呢？

第三十一课

长江三峡

甲: 去年暑假我和几个朋友去看了长江三峡，长江三峡不但风景好，而且还有许多历史古迹，是我在中国印象最深的一次旅游。

乙: 最近中国政府已经开始在长江三峡建筑一个大坝，计划把三峡变成一个世界上最大的水库，这对整个长江流域的电力、灌溉和交通都会有很大的改进，这真是一个令人(1)兴奋的好消息。

甲: 在我看来，这个计划是有许多问题的。三峡的大坝筑成以后，不但不会提高老百姓的生活水平，而且还会严重地破坏长江流域的自然景观和生态环境，这种破坏是永久的。为了提高一点儿发电量就作出这样的决定，结果一定是得不偿失(2)。

乙: 我不以为然。科学和技术的进步就是为了改善我们的生活，有许多人用“保护环境”的借口来反对新的建设。你得知道:“保护环境”并不等于“保持原始。”如果我们现在不开车，不用电，

第三十一課

長江三峽

甲: 去年暑假我和幾個朋友去看了長江三峽，長江三峽不但風景好，而且還有許多歷史古迹，是我在中國印象最深的一次旅遊。

乙: 最近中國政府已經開始在長江三峽建築一個大壩，計劃把三峽變成一個世界上最大的水庫，這對整個長江流域的電力、灌溉和交通都會有很大的改進，這真是一個令人(1)興奮的好消息。

甲: 在我看來，這個計劃是有許多問題的。三峽的大壩築成以後，不但不會提高老百姓的生活水平，而且還會嚴重地破壞長江流域的自然景觀和生態環境，這種破壞是永久的。爲了提高一點儿發電量就作出這樣的決定，結果一定是得不償失(2)。

乙: 我不以爲然。科學和技術的進步就是爲了改善我們的生活，有許多人用“保護環境”的藉口來反對新的建設。你得知道:“保護環境”並不等於“保持原始。”如果我們現在不開車，不用電，不用化学肥料，难道我们的环境就会更好，生活的质量就能提高了吗？

甲：科学和技术一方面改进了我们的生活，但是另一方面也破坏了我们的环境。许多环境污染所带来的问题和疾病是古时候的人连做梦都想不到(3)的。

乙：是的，我们今天的问题的确有许多是古人所想不到的，但是我们今天所享受到的方便，像飞机、电话、电视、电脑，又有哪一样是古人所能够想像的呢？三峡大坝筑成以后，我相信一定会带来许多我们现在想像不到的方便和发展。

甲：天下所有的事都是"有一利，必有一弊，"你对三峡的工程也未免(4)太乐观了！你知道吗？有好几百万住在三峡附近的老百姓为了这个工程必须迁离他们住了好几代的家园，这种痛苦哪里是你能知道的呢？

乙：你为什么总是从坏的方面来看一个问题呢？如果每个人都像你这样反对改变，我们现在也许还住在山洞里靠打猎过日子呢！

不用化學肥料，難道我們的環境就會更好，生活的質量就能提高了嗎?

甲: 科學和技術一方面改進了我們的生活，但是另一方面也破壞了我們的環境。許多環境污染所帶來的問題和疾病是古時候的人連做夢都想不到(3)的。

乙: 是的，我們今天的問題的確有許多是古人所想不到的，但是我們今天所享受到的方便，像飛機、電話、電視、電腦，又有哪一樣是古人所能夠想像的呢? 三峽大壩築成以後，我相信一定會帶來許多我們現在想像不到的方便和發展。

甲: 天下所有的事都是"有一利，必有一弊，"你對三峽的工程也未免(4)太樂觀了! 你知道嗎? 有好幾百萬住在三峽附近的老百姓爲了這個工程必須遷離他們住了好幾代的家園，這種痛苦哪裏是你能知道的呢?

乙: 你爲什麽總是從壞的方面來看一個問題呢? 如果每個人都像你這樣反對改變，我們現在也許還住在山洞裏靠打獵過日子呢!

第三十二课

苏州·杭州

在中国人看来，苏州和杭州是全国风景最好，物产最多的地方。他们常说“上有天堂，下有苏杭(1)。”许多中国人甚至认为苏杭的女子也比别处的漂亮，语言也比别处的好听。

上个星期我坐火车从北京去了一趟南方，当然也游览了苏、杭。火车过了长江以后，北方的黄土高原渐渐地成了绿色的稻田，更明显的是河流和湖泊的增加，怪不得(2)中国人把江苏、浙江两省叫做“鱼米之乡”，而“江南”这两个字也不仅仅(3)是地理上的名词，而且还带着一定的诗意和美感。

杭州曾经(4)是南宋的都城，也是当时政治、文化和经济的中心。我们现在还可以看到许多保存相当完好的历史古迹，尤其是当时的佛教寺庙，至今还有许多人去游览。

杭州最有名的当然是西湖，西湖也是江南风景的代表。所谓“小桥流水”，“杏花春雨”是无数中国古代

第三十二課

蘇州・杭州

在中國人看來，蘇州和杭州是全國風景最好，物產最多的地方。他們常說“上有天堂，下有蘇杭(1)。”許多中國人甚至認爲蘇杭的女子也比別處的漂亮，語言也比別處的好聽。

上個星期我坐火車從北京去了一趟南方，當然也遊覽了蘇、杭。火車過了長江以後，北方的黃土高原漸漸地成了綠色的稻田，更明顯的是河流和湖泊的增加，怪不得(2)中國人把江蘇、浙江兩省叫做“魚米之鄉”，而“江南”這兩個字也不僅僅(3)是地理上的名詞，而且還帶着一定的詩意和美感。

杭州曾經(4)是南宋的都城，也是當時政治、文化和經濟的中心。我們現在還可以看到許多保存相當完好的歷史古迹，尤其是當時的佛教寺廟，至今還有許多人去遊覽。

杭州最有名的當然是西湖，西湖也是江南風景的代表。所謂“小橋流水”，“杏花春雨”是無數中國古代诗人歌咏的对象。但是这些景色对一个美国人来说，却觉得人工的装饰太多，没有多少自然的野趣，倒是(5)长城以北(6)的大草原、大沙漠，还有云南贵州的高山对我有更大的吸引。

苏州的园林代表了中国文人的精致文化、庭园艺术和审美的标准。苏州的园林美是美，可是并不自然。庭园艺术无非是要把自然的山水放到自己的后院儿里，这种做法一方面当然可以解释为中国文人深爱大自然，但是另一方面，所谓“自然”却都是一些假山、假水，哪儿有什么“自然”呢?

苏州的小桥流水特别多，所以也有人把苏州叫做中国的威尼斯。河流是运输和交通的主要道路，这对一个住惯了纽约的人来说是非常有趣而(7)新鲜的。

苏州除了庭园以外，“寒山寺”也非常有名。这主要是因为唐朝有个诗人张继在一首诗中提到了苏州和寒山寺。一千多年来，几乎每个中国读书人都会背诵这首诗:

月落乌啼霜满天，
江枫渔火对愁眠。

詩人歌詠的對象。但是這些景色對一個美國人來説，却覺得人工的裝飾太多，没有多少自然的野趣，倒是(5)長城以北(6)的大草原、大沙漠，還有雲南貴州的高山對我有更大的吸引。

蘇州的園林代表了中國文人的精緻文化、庭園藝術和審美的標準。蘇州的園林美是美，可是並不自然。庭園藝術無非是要把自然的山水放到自己的後院儿裏，這種做法一方面當然可以解釋爲中國文人深愛大自然，但是另一方面，所謂"自然"却都是一些假山、假水，哪儿有什麽"自然"呢?

蘇州的小橋流水特别多，所以也有人把蘇州叫做中國的威尼斯。河流是運輸和交通的主要道路，這對一個住慣了紐約的人來説是非常有趣而(7)新鮮的。

蘇州除了庭園以外，"寒山寺"也非常有名。這主要是因爲唐朝有個詩人張繼在一首詩中提到了蘇州和寒山寺。一千多年來，幾乎每個中國讀書人都會背誦這首詩:

月落烏啼霜滿天，
江楓漁火對愁眠。

姑苏城外寒山寺，

夜半钟声到客船。

现在这首优美的唐诗已经成了苏州所有包装纸和塑料袋上的商标了！这真是一个有趣的讽刺。世界各地的观光区都有过份商业化的倾向，苏州当然也不例外。

到了中国而不去苏、杭，你是不会懂得什么叫“江南”的。

姑蘇城外寒山寺，

夜半鐘聲到客船。

現在這首優美的唐詩已經成了蘇州所有包裝紙和塑料袋上的商標了! 這真是一個有趣的諷刺。世界各地的觀光區都有過份商業化的傾向，蘇州當然也不例外。

到了中國而不去蘇、杭，你是不會懂得什麽叫“江南”的。

第三十三课

现在好还是从前好？

甲: 最近几年来，中国的变化真是太大了。尤其是北京，上海这几个大城市，到处都在盖大楼，建公路，几个月下来(1)，就是一个新样子。每次来中国都得重新适应一次，不知道你们北京人觉得怎么样。

乙: 我们也觉得这几年改变得很快，无论是衣食住行各方面都和几年前有很大的不同。

甲: 一般说来，你们都喜欢这些改变吗？

乙: 这很难说，最近几年，大家的收入都增加了，生活水平也提高了，但是通货膨胀也很严重，每年平均都在百分之十(2)以上(3)，生活的压力好象反而加重了。

甲: 在我看来，这几年的改变比过去四十年的改变还大。给我印象最深的是，电视机、电冰箱在几年前还算是奢侈的东西，这几年几乎家家都有这些电器用品了，这是中国经济快

第三十三課

現在好還是從前好?

甲: 最近幾年來，中國的變化真是太大了。尤其是北京，上海這幾個大城市，到處都在蓋大樓，建公路，幾個月下來(1)，就是一個新樣子。每次來中國都得重新適應一次，不知道你們北京人覺得怎麽樣。

乙: 我們也覺得這幾年改變得很快，無論是衣食住行各方面都和幾年前有很大的不同。

甲: 一般説來，你們都喜歡這些改變嗎？

乙: 這很難説，最近幾年，大家的收入都增加了，生活水平也提高了，但是通貨膨脹也很嚴重，每年平均都在百分之十(2)以上(3)，生活的壓力好像反而加重了。

甲: 在我看來，這幾年的改變比過去四十年的改變還大。給我印象最深的是，電視機、電冰箱在幾年前還算是奢侈的東西，這幾年幾乎家家都有這些電器用品了，這是中國經濟快速发展最好的证明。

乙: 最近几年的改革开放确实把经济搞活了，但是随着经济的发展，也出现了许多以前所没有的社会问题。像谋杀啊、抢劫啊、偷窃啊、吸毒啊、贪污啊、妓女啊，这在五十年代是没有的。可是现在却是常见的事。

甲: 你提到的这些问题是每一个开放的社会都有的。在我看来，中国有了这些问题，正说明中国已经是个开放的社会了。美国哪个大城市没有这些问题呢？

乙: 你是说一个社会只要有这些问题就是一个开放的社会吗？

甲: 有这些社会问题的虽然不一定是个开放的社会，但是一个开放的社会却常常有这些问题。

乙: 许多人都觉得现在的社会道德比五十年代差多了。

甲: 你说得对，五十年代的中国既没有(4)吸毒也没有妓女;至于谋杀、抢劫更是不常听到，但是你愿意生活在今天的中国，还是五十年代的速發展最好的證明。

乙: 最近幾年的改革開放確實把經濟搞活了，但是隨着經濟的發展，也出現了許多以前所沒有的社會問題。像謀殺啊、搶劫啊、偷竊啊、吸毒啊、貪污啊、妓女啊，這在五十年代是沒有的。可是現在却是常見的事。

甲: 你提到的這些問題是每一個開放的社會都有的。在我看來，中國有了這些問題，正說明中國已經是個開放的社會了。美國哪個大城市沒有這些問題呢？

乙: 你是說一個社會只要有這些問題就是一個開放的社會嗎？

甲: 有這些社會問題的雖然不一定是個開放的社會，但是一個開放的社會却常常有這些問題。

乙: 許多人都覺得現在的社會道德比五十年代差多了。

甲: 你說得對，五十年代的中國既沒有(4)吸毒也沒有妓女;至於謀殺、搶劫更是不常聽到，但是你願意生活在今天的中國，還是五十年代的中国呢？

乙: 虽然今天的中国有许多问题，但是我宁可生活在一个开放的社会，而不是一个封闭的社会。

中國呢？

乙:　雖然今天的中國有許多問題，但是我寧可生活在一個開放的社會，而不是一個封閉的社會。

第三十四课
海峡两岸

中国有两个大岛，都在东南沿海，一个是台湾，一个是海南。据历史上记载，早在(1)第三世纪（230A.D.）中国和台湾就已经有了来往。但大批汉人移民到台湾是在明朝末年，也就是十七世纪后半。1684年清朝政府在台湾建立了行政区域，属于福建省。从明末一直到十九世纪末年，大批福建南部的汉人去台湾开垦，定居下来。所以现在的台湾人大部分是福建人，而台湾话也就是闽南话。

一八九五年中日战争之后(2)，中国被日本打败了,清朝政府把台湾割让给(3)了日本，经过五十年的日本统治,到一九四五年第二次世界大战结束以后,日本才(4)把台湾归还给中国。

一九四五年国民党派了官员和军队接收台湾，但由于政策和领导上的错误造成了台湾本地居民与大陆来台人士之间(5)的剧烈冲突。一九四七年二月二十八日国民党军队屠杀台湾人就是一个明显的例

第三十四課
海峽兩岸

中國有兩個大島，都在東南沿海，一個是台灣，一個是海南。據歷史上記載，早在(1)第三世紀（230A.D.）中國和台灣就已經有了來往。但大批漢人移民到台灣是在明朝末年，也就是十七世紀後半。1684年清朝政府在台灣建立了行政區域，屬於福建省。從明末一直到十九世紀末年，大批福建南部的漢人去台灣開墾，定居下來。所以現在的台灣人大部分是福建人，而台灣話也就是閩南話。

一八九五年中日戰爭之後(2)，中國被日本打敗了,清朝政府把台灣割讓給(3)了日本，經過五十年的日本統治,到一九四五年第二次世界大戰結束以後,日本才(4)把台灣歸還給中國。

一九四五年國民黨派了官員和軍隊接收台灣，但由於政策和領導上的錯誤造成了台灣本地居民與大陸來台人士之間(5)的劇烈衝突。一九四七年二月二十八日國民黨軍隊屠殺台灣人就是一個明顯的例子。

一九四九年共产党所领导的中国人民政府取代了国民党，成立了中华人民共和国，国民党迁到了台湾。一直到(6)八十年代初期，海峡两岸不但没有任何交往，而且是处在敌对的立场。可是这个情况在最近有了转变，台湾岛上的人民已经可以去中国大陆了。大陆人去台湾的也越来越多了。

我们相信: 这样的互相交流一定能为两岸的人民带来彼此的了解。

子。

一九四九年共産黨所領導的中國人民政府取代了國民黨，成立了中華人民共和國，國民黨遷到了台灣。一直到(6)八十年代初期，海峽兩岸不但沒有任何交往，而且是處在敵對的立場。可是這個情況在最近有了轉變，台灣島上的人民已經可以去中國大陸了。大陸人去台灣的也越來越多了。

我們相信: 這樣的互相交流一定能爲兩岸的人民帶來彼此的了解。

第三十五课
中国的方言

虽然美国的土地跟中国差不多一样大，可是基本上只有一种语言。纽约人和落杉矶人都说同样的话，阿拉斯加人和德州人也都听得懂对方的语言。中国的情形是完全不同的。不但上海人听不懂广东话，甚至于一省之内(1)，不同的县也有不同的方言，所以建立起一种能通行全国的"国语"或"普通话"一直是中国人民和政府努力的方向。

过去七百多年来(2)，北京一直是中国首都的所在地(3)，而且著名的文学作品也大多是以(4)北方话写的，所以北京话就成了国语或普通话的基础了。但是因为交通和教育的不发达，推行普通话并不是一件容易的事。

从二十年代开始，国民党和共产党虽然在许多方面都有不同的主张，但是对于推行普通话，他们却是一致的。然而(5)，推行普通话的成绩并不理想。只要去中国南部各省看看，尤其是农村，我们就会

第三十五課
中國的方言

雖然美國的土地跟中國差不多一樣大，可是基本上只有一種語言。紐約人和落杉磯人都説同樣的話，阿拉斯加人和德州人也都聽得懂對方的語言。中國的情形是完全不同的。不但上海人聽不懂廣東話，甚至於一省之內(1)，不同的縣也有不同的方言，所以建立起一種能通行全國的“國語”或“普通話”一直是中國人民和政府努力的方向。

過去七百多年來(2)，北京一直是中國首都的所在地(3)，而且著名的文學作品也大多是以(4)北方話寫的，所以北京話就成了國語或普通話的基礎了。但是因爲交通和教育的不發達，推行普通話並不是一件容易的事。

從二十年代開始，國民黨和共産黨雖然在許多方面都有不同的主張，但是對於推行普通話，他們却是一致的。然而(5)，推行普通話的成績並不理想。只要去中國南部各省看看，尤其是農村，我們就會发现普通话并不“普通”。

随着(6)方言而来的是中国人的乡土观念。两个中国人初次见面，在一般情况下都会互问对方的姓名和籍贯(7)。籍贯的意思就是“你是哪儿人?”一个广东人在外地遇到另一个广东人，他们一定说广东话而且觉得特别亲切。因此在中文里又有“同乡”和“老乡”这两个词。这两个词所表达出来的是在共同语言的基础上建立起来的信任和感情。这种同乡的感情，在美国人之间是比较淡薄的。

最近因为广播和电视深入全国各地，普通话也正通过这些大众媒体渐渐地传播到了全国最偏远的地区。我们相信，普通话会随着(6)科技的进步，交通的发达和教育的普及而成为中国人真正共同的语言。

發現普通話並不“普通”。

隨着(6)方言而來的是中國人的鄉土觀念。兩個中國人初次見面，在一般情況下都會互問對方的姓名和籍貫(7)。籍貫的意思就是“你是哪儿人?”一個廣東人在外地遇到另一個廣東人，他們一定説廣東話而且覺得特別親切。因此在中文裏又有“同鄉”和“老鄉”這兩個詞。這兩個詞所表達出來的是在共同語言的基礎上建立起來的信任和感情。這種同鄉的感情，在美國人之間是比較淡薄的。

最近因爲廣播和電視深入全國各地，普通話也正通過這些大衆媒體漸漸地傳播到了全國最偏遠的地區。我們相信，普通話會隨着(6)科技的進步，交通的發達和教育的普及而成爲中國人真正共同的語言。

第三十六课
中国的文字改革

外国学生开始学中文的时候大多学的是繁体字，可是到了中国以后又得学简体字。许多外国学生不喜欢简体字，认为简体字不象繁体字那么能反映中国文字的本源。其实中国文字不断地在改变，繁体字也好，简体字也好，都不是中国文字本来的样子。

就现有可靠的材料来看(1)，中国文字有三千多年的历史，其中(2)有过几次重大的变革，最主要的是在纪元前三世纪秦始皇帝所发起的一次文字改革，他统一了中国的文字，这是一个了不起的运动。从此以后(3)，全中国有了共同的文字。虽然中国有许多不同的方言，但是文字的统一为中国文化上和政治上的统一提供了最基本的条件。

从汉朝（206B.C.-220A.D.）一直到一九五二年共产党成立"中国文字改革委员会"，在两千多年的时间里，中国文字的改变，基本上是自然地演进而不是用政治的力量来进行大规模的改革，所

第三十六課

中國的文字改革

外國學生開始學中文的時候大多學的是繁體字，可是到了中國以後又得學簡體字。許多外國學生不喜歡簡體字，認爲簡體字不像繁體字那麽能反映中國文字的本源。其實中國文字不斷地在改變，繁體字也好，簡體字也好，都不是中國文字本來的樣子。

就現有可靠的材料來看(1)，中國文字有三千多年的歷史，其中(2)有過幾次重大的變革，最主要的是在紀元前三世紀秦始皇帝所發起的一次文字改革，他統一了中國的文字，這是一個了不起的運動。從此以後(3)，全中國有了共同的文字。雖然中國有許多不同的方言，但是文字的統一爲中國文化上和政治上的統一提供了最基本的條件。

從漢朝（206B.C.-220A.D.）一直到一九五二年共産黨成立“中國文字改革委員會”，在兩千多年的時間裏，中國文字的改變，基本上是自然地演進而不是用政治的力量來進行大規模的改革，所以我们现在看汉朝的文字大多还能认得，但是更早的文字，就必须经过专门的训练才认得出来了。

在中国近代思想史上，中国知识分子总是对中国的文字不满意，认为中国文字阻碍了中国科学的发展，所以在二十世纪初期，有许多人提倡世界语，也有人提倡拉丁化。他们不但要废除汉字，甚至于连中国语言都要放弃而用 Esperanto 来代替。当然，我们现在来看这些主张都是不切实际的激烈言论，但是在当时，却是许多人所诚心相信的主张。所以从近一百年的文字改革史来看，简体字运动是所有文字改革方案中最保守的一个(4)选择，可是就是(5)这个保守的方案，还有许多人认为太激进。这正可以看出，文字是一国文化成分之中(6)最保守的一部分。

几千年来，中国文字发展的基本趋向是简化，虽然偶尔也有繁化的例子，但在数量上非常少。因此共产党所提倡的简化字运动是符合这个历史潮流的。在现有的简化字里，有些字因为笔划过分简省，如(7)“儿”，“几”，“九”，因而(8)失去了辨异以我們現在看漢朝的文字大多還能認得，但是更早的文字，就必須經過專門的訓練才認得出來了。

在中國近代思想史上，中國知識份子總是對中國的文字不滿意，認爲中國文字阻礙了中國科學的發展，所以在二十世紀初期，有許多人提倡世界語，也有人提倡拉丁化。他們不但要廢除漢字，甚至於連中國語言都要放棄而用 Esperanto 來代替。當然，我們現在來看這些主張都是不切實際的激烈言論，但是在當時，却是許多人所誠心相信的主張。所以從近一百年的文字改革史來看，簡體字運動是所有文字改革方案中最保守的一個(4)選擇，可是就是(5)這個保守的方案，還有許多人認爲太激進。這正可以看出，文字是一國文化成分之中(6)最保守的一部分。

幾千年來，中國文字發展的基本趨向是簡化，雖然偶爾也有繁化的例子，但在數量上非常少。因此共產黨所提倡的簡化字運動是符合這個歷史潮流的。在現有的簡化字裏，有些字因爲筆劃過分簡省，如(7)“儿”，“几”，“九”，因而(8)失去了辨異的功能，这并不理想。也有些同音字的合并如“乾”，“幹”，“干”都写成了“干”字，也引起了一定的混乱。但这都只是一些个别的例子，绝不能因此否定简化字运动的意义。

也有人说简体字不美观，不适合表现中国的书法。其实美观不美观完全是主观的判断，并没有客观的标准。在中国文字中再没有比(9)“一”，“二”，“人”这几个字更简单的了，但是我们从来没听人说过这几个字不好看的，所以用美观的说法来反对简体字也是站不住的。

文字是反映语言和生活的，只要语言跟生活在改变，文字就不可能不变，因此文字改革永远只是一个过程而不是一个结果，所有不合理的简化字，最后还是会被淘汰的。

的功能，這並不理想。也有些同音字的合併如“乾”，“幹”，“干”都寫成了“干”字，也引起了一定的混亂。但這都只是一些個別的例子，絶不能因此否定簡化字運動的意義。

也有人説簡體字不美觀，不適合表現中國的書法。其實美觀不美觀完全是主觀的判斷，並沒有客觀的標準。在中國文字中再没有比(9)“一”，“二”，“人”這幾個字更簡單的了，但是我們從來没聽人説過這幾個字不好看的，所以用美觀的説法來反對簡體字也是站不住的。

文字是反映語言和生活的，只要語言跟生活在改變，文字就不可能不變，因此文字改革永遠只是一個過程而不是一個結果，所有不合理的簡化字，最後還是會被淘汰的。

Index

I. *Pinyin* Index

This index is arranged in the same order as all standard *Hanyu pinyin* dictionaries--characters with the same spellings are arranged according to tone order. (For example, ān comes before àn. Thus, ānquán is listed before àn.)

II. English Index

All of the verbs in this index are alphabetized in the "to" form. Therefore, you will find "run", "watch", etc. under "to run", "to watch", etc.

A

Alāsījiā, 阿拉斯加, Alaska, 236
aízhèng, 癌症, cancer, 34
ài, 愛, to love, 92
àiqíng, 愛情, love, 176
ānpái, 安排, to make arrangements for, 92
ānquán, 安全, safe, 18
àn, 岸, coast, bank, 228
ànjiàn, 案件, (court) case, 178
ànzhào, 按照, according to, 75

B

bāleíwǔ, 芭蕾舞, ballet , 184
bǎ...kànzuòshì, 把...看作是, to regard...as, 178
bà, 壩, a dam, 208
bǎi, 百, hundred, 18
bǎi, 擺, to put out, 142
bǎifēnzhīshí, 百分之十, 10%, 223
bǎiwàn, 百萬, million , 92, 210
bān, 搬, to move, 123
bànchéng, 辦成, to do...successfully, 76
bàndetōng, 辦得通, to get something done, 76
bàngōngshì, 辦公室, office , 121
bànshì, 辦事, to handle business, 75
bànshìyuán, 辦事員, (low-ranking) staff member , 169
bāngmáng , 幫忙, to help, 18
bāngwǎn, 傍晚, dusk, twilight , 100
bāowéi, 包圍, to surround, to beseige , 203
bāozhuāngzhǐ, 包裝紙, wrapping paper, 218
bǎobeì, 寶貝 , precious, treasured child, 184
bǎochí, 保持, to maintain, to keep , 68
bǎocún, 保存, to preserve, 202
bǎoshǒu, 保守, conservative , 91
bǎoxiǎn, 保險, (medical) insurance , 162
bǎozhàng, 保障, protection, security , 149
baǒzhèng, 保證, guarantee; to guarantee, 149
bào, 抱, to embrace, to hold, 47
bào.yuàn, 抱怨, to complain , 52
bàodào, 報到, to check in, to report one's arrival, 17
běifānghuà, 北方話, the Northern dialect, 237
Běihǎi, 北海, the North Sea Park, 195
Běijīng, 北京, Beijing, 1
bèi, 倍, -times,-folds, 27
bèi, 被, by (a passive voice marker), 90
bèipò, 被迫, to be forced to, 178
bèisòng, 背誦, to recite, 217
běndì, 本地, local, 230
běnyuán, 本源, origin, 244
bèn, 笨, stupid, 75
bǐcǐ, 彼此, each other, mutual, 231
bǐ.fāngshuō, 比方說, for instance, 46
bǐhuà, 筆劃, strokes, 247
bǐjiào, 比較, relatively; rather, 10
biàn.dé, 變得, to change into, to become, 75
biàngé, 變革, transformation, change, 244
biànhuà, 變化, change; to change, 222
biànyì, 辨異, to differentiate , 247
biāoyǔ, 標語, slogan, poster, 197
biāozhǔn, 標準, standard, 53
biǎodá, 表達, to express, to convey , 238
biǎomiànshàng, 表面上, superficially, on the surface, 190
biǎoshì, 表示, to express, to indicate, 68
biǎoxiàn, 表現, to depict, to display, 247
biéchù, 別處, other place , 214
bīng, 兵, soldier, 141
bīngkuàir, 冰塊儿, ice cubes, 10
bīngshuǐ, 冰水, ice water, 9
bìng, 病, disease, 33
bìxū, 必須, must, to have to, 17
bówùgǔan, 博物館, museum , 28
búbì, 不必, need not, 76
búdào, 不到, less than, 82
búduàn, 不斷, unceasingly, continuously, 244
búguò, 不過, but, 23
bújiàndé, 不見得, not necessarily, 178
búqièshíjì, 不切實際, unrealistic, impractical, 246
búshì...érshì..., 不是...而是..., it's not...but rather..., 67
búxìng, 不幸, unfortunate, 129
búzài, 不再, not anymore, 177
bù, 部, measure word for vechicle, 2
bù'ān, 不安, uneasy, not feeling at peace, 2
bùguǎn, 不管, don't care, 38

bùjiǔyǐhòu, 不久以後, soon after, shortly afterward, 134
bùjǐnjǐn, 不僅僅, not only, 215
bùkěbìmiǎn, 不可避免, unavoidable , 60
bùrán, 不然, otherwise, 8
bùrú, 不如, not as good as, inferior to, 23
bùtóng, 不同, difference, 46
bùxíng, 不行, won't do, 171
bùyǐwéirán, 不以為然, (I) don't think so, 209
bùzéshǒuduàn, 不擇手段, unscrupulous, 133
bùzhǐ, 不止, more than, 83

C

cáifù, 財富, wealth 149
cáiliào, 材料, material, 244
cài, 菜, dishes, food eaten with rice, vegetables, 23
cānguān, 參觀, to visit (a place) 27
cāntīng, 餐廳, restaurant , 59
cāng.yíng, 蒼蠅, fly, 34
cǎoyuán, 草原, prairie , 216
cèsuǒ, 廁所, restroom, lavatory , 8
céngjīng, 曾經, have V-ed before, 215
chá.yè, 茶葉, tea leaves, 140
chà, 差, lousy, poor, bad, 23
chàbuduō, 差不多, almost the same, about the same, 69
chāi, 拆, to tear down (a house, etc.), 202
chánzú, 纏足, to bind the feet , 168
chǎnshēng, 產生, to produce, to give rise to, 154
cháng, 長, long, 100
Chángchéng, 長城, the Great Wall, 195
Chángjiāng, 長江 , The Yangtze River, 208
chángjià, 長假, long vacation, 195
chángtú, 長途 , long-distance, 17
chǎnghé, 場合, occasion, 83
chāorén, 超人, super person, 184
cháoliú, 潮流, trend, 246
cháoshī, 潮濕, humid, damp, 100
chǎo, 炒 , to stir fry, 33
chǎo, 吵, to make a fuss; to be noisy, 155
chǎoxǐng, 吵醒, to be awakened by some noise, 90
chèn, 趁, while, 195
chēng, 稱 , to weigh, 82
chéngfèn, 成分, element, factor, component, 203
chénggōng, 成功, success; to succeed 141
chéng.jī, 成績, achievement, records established, 237
chéngle, 成了, to have become, 60
chénglì, 成立, to establish, 231
chéngliáng, 乘涼, to relax in the shade or in the breeze, 100
chéngniánrén, 成年人, adult, grown-up, 183
chéngqiān shàngwàn, 成千上萬, thousands and thousands, very many, 148
chéngqiáng, 城牆, city wall, 202
chéngqún, 成群, in groups, 90
chéngshì, 城市, city, 222
chéngxīn, 誠心, wholeheartedly , 246
chéngyī, 成衣, ready-made clothes, 142
chéngzhǎng, 成長, to grow, 102
chībúdào, 吃不到, not able to eat, 60
chībùbǎo, 吃不飽, cannot get enough to eat, 185
chōng.tū, 衝突, to conflict, 203
chóngxīn, 重新, anew, begin again from scratch, 222
chōushuǐmǎtǒng, 抽水馬桶, flush toilet , 53
chòu, 臭, stinking, smelly, 123
chūbǎn, 出版, to publish , 177
chūcì, 初次, the first time , 237
chūguó, 出國, to go abroad, 162, 190
chūmíng, 出名, famous, 108
chū'nían, 初年, the beginning years of a century, 177
chūqī, 初期, the beginning stage (of time), 140
chūwèntí, 出問題, to have a problem (arise), 8
chūxiàn, 出現, to appear, to emerge ,115, 148
chūzūqìchē, 出租汽車, taxi , 115
chúle, 除了, (here) except for; in addition to, 134
chǔlǐ, 處理, to handle, to deal with, 170
chǔyú, 處於, to place oneself in, to be situated , 142
chǔzài, 處在, to be situated in, 231
chuánbō, 傳播, to disseminate , 238
chuántǒng, 傳統, tradition, 176, 190
chuàngshōu, 創收, to create income or profit , 133

chuàngzào, 創 造, to create, 149
cí, 詞, words, expressions, 67
cǐ, 此, this (literary), 76
cì.jī, 刺激, stimulating, exciting, 150
cìyú, 次於, next to, inferior to, 141
cóng...yǐlái, 從...以來, since, 140
cóngcǐyǐhòu, 從此以後, from then on, 245
cónglái, 從來, never before , 2
cóngshì, 從事, to pursue (a profession), 169
cúnqián, 存錢, to deposit money in a bank, 59
cuò.wù, 錯誤, erroneous; mistakes, 47

D

dǎbaì, 打敗, to defeat, to beat, 229
dǎdī, 打的, to take a taxicab, 115
dǎdiànhuà, 打電話, to make a phone call, 17
dǎkāi, 打開, to open up, 122
dǎkē.shuì, 打瞌睡, to doze off, 122
dǎliè, 打獵, to go hunting, 210
dǎpò, 打破, to break , 141
dǎtàijíquán, 打太極拳, to do taijiquan (Tai Chi, Chinese shadow boxing), 90
dǎwǎngqíu, 打網球, to play tennis, 184
dàbiàn, 大便, to have a bowel movement, 59
dàdàde, 大大地, greatly, 178
dàduō, 大多, in most cases, for the most part, 109
dàgài, 大概, probably, 92
dàguān, 大官, high official, 190
dàguōfàn, 大鍋飯, food prepared in a large cauldron (the same as everyone else), 149
dàliàng, 大量, in large quantity, 115
dàpī, 大批, large quantities of, 228
dàzhònghuà, 大眾化, popular, 128
dàzhòngméitǐ, 大眾媒體, mass media 238
dàzhì, 大致, approximately, 69
dàzìrán, 大自然, nature, 217
dài, 帶, to bring along, to carry with, 8
daì, 代, generation, 185
dàibiǎo, 代表, to represent, 129
dàijià, 代價, price, cost (of an action), 164
dàikuǎn, 貸款, loan; to lend or borrow money , 163
dài.yù, 待遇, treatment 27
dàizhe, 帶著, to have, to possess, 215
dānchún, 單純, simple, uncomplicated , 68
dānrèn, 擔任, to hold the post of, to take charge of , 169
dānwèi, 單位, (work) unit, 68, 117
dānxīn, 擔心, to worry, to be worried, 18
dàn, 蛋, egg, 140
dànbó, 淡薄, thin, 238
dāng, 當, to undertake (a job), to work as, 170
dāngchéng, 當成, to use...as, 69
dāngshí, 當時, at that time, then, 246
dāngzuò, 當作, to regard...as..., 91
dàng(dāng), 當, to regard someone as; to be, to work as, 84
dǎo, 島, island, 228
dào, 倒, contrary to what one expects, 34
dàochù, 到處, everywhere, 196, 222
dàodé, 道德, morals, ethics, 60
dàodǐ, 到底, emphatic question word, 76
dào.lǐ, 道理, reason, 171
dàolù, 道路, road; way, 217
dàoqiàn, 道歉, to apologize , 83
dàotián, 稻田, rice paddy field, 214
dàoxiànzài, 到現在, up to now, 148
dé, 得, to get (a disease), 34
débùchángshī, 得不償失, the loss outweighs the gain, 209
děikàn, 得看, (it) depends, 53
děng, 等, to wait, 2
děng, 等, and so on, 178
děnghòu, 等候, to wait (formal), 83
děngyú, 等於, to be equal to, 209
dī, 低, low, 168
dīliè, 低劣, low grade, low quality , 197
díduì, 敵對, in opposition to, hostile to, 231
díquè, 的確, indeed, 155, 210
dǐcéng, 底層, the bottom (layer) , 142
Dì'èrcìshìjiè dàzhàn, 第二次世界大戰, The Second World War, 230
dìdiǎn, 地點, place 121
dìfāng, 地方, place, 162
dìtiě, 地鐵, subway, 61
dì.wèi, 地位, status, position , 148
diǎnxīn, 點心, snack, refreshments, 196
diàn, 店, store, 128
diànbīngxiāng, 電冰箱, refrigerator, 223

diàndēng, 電燈, electric lighting, 9
diànlì, 電 力, electric power, 208
diànnǎo, 電腦, computer , 210
diànqì, 電器, electrical appliances, 223
diànshàn, 電扇, electric fan, 9
diànshìjī, 電視機, television set , 223
diànyǐng, 電影, movie 91
dìng, 訂, to reserve, 76
dìngjū, 定居, to permanently settle down in one place, 229
dōngnán, 東南, southeast, 228
dǒngdé, 懂得, to savvy, to really understand, 202
dōushòu, 兜售, to peddle (goods), 196
dūchéng, 都城, capital (old form), 215
dūshì, 都市, a big city, a metropolis , 108
dúlì, 獨立, independen , 150
dúshēngzǐnǚ, 獨生子女, only-child , 183
dúshūrén, 讀書人, educated people, 217
dǔsè, 堵塞, a (traffic) jam , 115
dù, 度, degree (of temperature), 99
dùjià, 渡假, to take a vacation , 92
duǎn, 短, short, 102
duàn, 段, measure word for a period of time, 185
duànliàn, 鍛鍊, to exercise, 90
duì, 對, to (someone), 27
duì ... láishuō, 對...來說, for ..., 162
duìfāng, 對方, the other party, 236
duìmiàn, 對面, across from , 33
duìwǒláishuō, 對我來說, as far as I'm concerned, 2
duìxiàng, 對象, object, target, 216
duōshǎo, 多少, how much, how many, 67
duòtāi, 墮胎, to perform an abortion, 185

E

ě.xīn, 惡心, to feel disgust , 34
èxìng, 惡性, vicious, 133
ér, 而, but, 60
ér, 而, and, also, accordingly, 149, 155. 176
ér, 而, thus (literary), 239
ěr.duō, 耳朵, ears, 156

F

fābiǎo, 發表, to express, 116
fādá, 發達, developed, 237
fādiànliàng, 發電量, electric power plant wattage , 209
fāhuī, 發揮, to develop, 191
fāqǐ, 發起, to initiate, 244
fāxiàn, 發現, to discover, 34
fāzhǎn, 發展, development; to develop , 115, 140
fánhuà, 繁化, to complicate, 246
fánnǎo, 煩惱, to worry; worries , 163, 185
fǎnduì, 反對, to oppose, 248
fǎn'ér, 反而, on the contrary, instead, 75
fǎnyìng, 反映, to reflect, 155, 190
fāng'àn, 方案, plan, proposal, 246
fāngbiàn, 方便, convenient, 8
fāngmiàn, 方面, aspect, 38
fāngshì, 方式, way, manner, 68
fāngxiàng, 方向, direction, 236
fāngyán, 方言, dialect , 236
fàngxīn, 放心, to rest assured, 18
fàngyīnyuè, 放音樂, to play music (tapes,records) , 91
fēijī, 飛機, airplane, 1
féiliào, 肥料, fertilizer, 209
féipàng, 肥胖, fat, 183
fèi, 費, expenses, 163
fèichú, 廢除, to abolish, to repeal , 246
fēnjū, 分居, to live apart (said of a couple), 178
fēnpèi, 分配, to assign , 122
fēngbì, 封閉, tightly closed, 224
fēngjǐng, 風景, scenery, 196
fěngcì, 諷刺, satire, 218
Fójiào, 佛教, Buddhism, 215
fǒudìng, 否定, to deny, to negate, 247
fūfù, 夫婦, couple (husband and wife), 169
fūqī, 夫妻, couple, husband and wife, 177
fúhé, 符合, to be in accord with, to conform to, 246
Fújiànshěng, 福建省, Fujian Province, 229
fúwùyuán, 服務員, service personnel, 129
fúzhuāng, 服裝, clothing, 101
fù, 付, to pay, 28
fùbùqǐ, 付不起, to be unable to afford to pay the bill, 163

fùjìn, 附近, nearby, in the vicinity of, 82
fùmǔ, 父母, parents, 9
fùnǚ, 婦女, women, 168
fùzá, 複雜, complicated, complex , 77

G

gǎibiàn, 改變, to change; change, 222
gǎigé, 改革, to reform, 132
gǎijiàn, 改建, to reconstruct, to remodel, 202
gǎijìn, 改進, improvement, 208
gǎishàn, 改善, to improve , 142, 191
gài, 蓋, to build, 222
gān.jìng, 乾淨, clean, 33
gānshè, 干涉 , to interfere, 185
gǎndào, 感到, to feel, to come to realize, 133, 190
gǎnjué, 感覺, feeling; to feel, 100
gǎnqíng, 感情, attachment, feeling , 238
gǎnyú, 敢於, dare to, 156
gǎnzhe, 趕著, hurrying, 92
gāngqín, 鋼琴, piano , 184
gāodù, 高度, high degree of, highly, 132
gāojí, 高級, high class, first rate, 128
gāolóu, 高樓, tall buildings, 202
gāosùgōnglù, 高速公路, highway, expressway, 203
gāoyuán, 高原, plateau, 214
gǎo, 搞, to make, 223
gēràng, 割讓, to cede (territory), 229
gēyǒng, 歌詠, to intone; to sing, 216
gébì, 隔壁, next door 121
gèbié, 個別, specific, individual, rare, 247
gèguó, 各國, each and every country, 128
gèhánggèyè;, 各行各業, each and every profession , 169
gèrén, 個人, individual, 67
gètǐhù, 個體户, self-employed people , 101
gěizú, 給足, to give in sufficient amount, 83
gōng, 工, workman, worker, laborer, 141
gōngchǎng, 工廠, factory, 162
gōngchéng, 工程, engineering, 191
gōngchéng, 工程, project, 210
gōnggòng, 公共, public , 8
gōnggòngqìchē, 公共汽車, public bus, 59
gōngjù, 工具, tools, equipment , 108
gōngkāi, 公開, public, 69
gōnglù, 公路, highway , 115
gōnglì, 功利, utilitarian oriented; focused on material gain, 191
gōngnéng, 功能, function, ability, 247
gōngpíng, 公平, fair, 27
gōngrén, 工人, worker, 169
gōngsī, 公司, company , 162
gōngyìng, 供應, to supply; to furnish, 10
gōngyù, 公寓, apartment 203
gōngyuán, 公園, a park, 46
gōngzī, 工資, wages , 170
gōngzuòrényuán, 工作人員, worker, employee , 169
gòngchǎndǎng, 共產黨, the Communist Party , 141
gòngtóng, 共同, common, 190
Gūsūchéng waì Hánshānsì, 姑蘇城外寒山寺, From the Cold Mountain Temple, outside Suzhou, 218
gǔdài, 古代, ancient times, 202, 216
gǔhuà, 古話, old saying, 189
gǔjī, 古蹟, relics, historical sites,4
gǔlǎo, 古老, old, ancient, 202
gǔrén, 古人, people of ancient times, 210
gǔshíhòu, 古時候, ancient times, 209
Gùgōng, 故宮, the Imperial Palace, 27
gù.shì, 故事, a story, 171
guài, 怪, to blame, 83
guān, 關, to close, 123
guānchá, 觀察, to observe, to inspect , 168
guānguāngkè, 觀光客, tourist, 134
guān'guāngqū, 觀光區, places for sightseeing , 218
guānhuái, 關懷, to care about, 184
guānniàn, 觀念, concept , 67, 189
guān.xì, 關係, relations, connections, 17
guānxīn, 關心, to be concerned about , 68
guānyú, 關於, concerning, about, 154
guānyuán, 官員, an official , 189, 230
guǎnzi, 館子, a restaurant, 38
guàn'gài, 灌溉, irrigation, 208
guànyǎng, 慣養, to spoil (a child), 184
guāng, 光, just, merely, 171
guāngróng, 光榮, honour, 190
guǎngbō, 廣播, radio broadcast 238
Guǎngdōnghuà, 廣東話, Cantonese, 116
guàngjiē, 逛街, to do window shopping, to stroll down the street , 108

guīdìng, 規 定, rule, regulation, 75
guīhuán, 歸 還, to return (something), 230
guīmó, 規 模, scope, 245
Guìzhōu, 貴 州, Guizhou Province, 216
guójì, 國 際, international, 1
guójiā, 國 家, country, nation, 133
guójiādàshì, 國 家 大 事, national affairs, 116
Guómíndǎng, 國 民 黨, KMT, 230
guówài, 國 外, abroad, 84
guóyíng, 國 營, government-operated, 82
guóyǔ, 國 語, the national language (Mandarin), 236
guò, 過, to live (a life), 109
guò, 過, to live, to pass (time), 176
guòdù, 過 渡, transitional, 135
guòdūo, 過 多, too much, more than enough, 60
guòfèn, 過 分, excessively, 247
guòqù, 過 去, in the past, past 132, 223
guòrìzi, 過 日 子, to live (everyday) life 28
guòshēnghuó, 過 生 活, to live a life, 203
guòzhòng, 過 重, over-weight, 183

H

hā, 哈, sound of laughter, 116
hái, 還, even, 39
háizi, 孩 子, child, 46
hǎiguān, 海 關, customs, 1
Haǐnán, 海 南, Hainan, 228
haǐxiá, 海 峽, straits, 228
Hánshānsì, 寒 山 寺, Hanshan Temple; Temple of the Cold Hill, 217
hànbǎobāo, 漢 堡 包, a hamburger, 128
Hàncháo, 漢 朝, the Han Dynasty (206 B.C. - 219 A.D.), 245
Hànrén, 漢 人, the Han people, 228
hángyè, 行 業, profession, 115
Hángzhōu, 杭 州, Hangzhou, 196
háobù, 毫 不, not in the least; not at all, 116
hǎoxiàng, 好 像, to seem, 46
hǎozài, 好 在, fortunately, 10
hàoguǎnxiánshì, 好 管 閒 事, to be nosy, 69
hē, 喝, to drink, 9
hé, 和, and, 9
hébìng, 合 併, to amalgamate, 247
héfǎ, 合 法, legal, 75
hélǐ, 合 理, reasonable, 53
héliú, 河 流, river, 214
hé.qì, 和 氣, amiable, friendly, cordial, 18
hézuò, 合 作, to cooperate, 184
hěnjiǔ, 很 久, for a long time, 22
hènbùdé, 恨 不 得, itching to, how one wishes one could, 184
hóngshāo, 紅 燒, cook in soysauce and other spices, 33
hoùbàn, 後 半, second half, 229
hòuyuàn, 後 院, backyard, 217
húlǐhútú, 糊 裡 糊 塗, muddleheaded; without thinking carefully, 84
húpō, 湖 泊, lake, 214
hútòngr, 胡 同儿, lane, alley (Beijing dialect), 100
hùwèn, 互 問, to ask each other, 237
huāqián, 花 錢, to spend money, 128
Huáshèngdùn, 華 盛 頓, Washington, D.C.,
huáxià, 華夏, Cathay, China (ancient name of China), 154
huà, 化, "-ize", 133
huà, 畫, paintings, 196
huàtí, 話 題, topic of conversation, 69
huàxué, 化 學, chemical, 209
huáiyí, 懷 疑, to doubt, to suspect, 82, 134
huánchéng, 環 城, around the city, 115
huánjìng, 環 境, environment, 53
huàn, 換, to change, to replace, to exhange, 18, 121
huángdì, 皇 帝, emperor, 183
huáng.guā, 黃 瓜, cucumber, 101
huángtǔ, 黃 土, loess, 214 27
hūnyīn, 婚 姻, marriage, 116, 162
hùnluàn, 混 亂, confusion, chaos, 247
huó, 活, alive, 223
huǒchē, 火 車, train, 76

J

jīběn, 基 本, basic, fundamental, 185
jīběnshàng, 基 本 上, basically, 83
jīchǎng, 機 場, airport, 1
jīchǔ, 基 礎, foundation, basis, 237
jīhū, 幾 乎, almost, 134
jī.huì, 機 會, opportunity, 23

jījìn, 激進, radical, 246
jīliè, 激烈, fierce and intense ,117, 246
jí, 極, extremely, 176
jíbìng, 疾病, disease, 209
jíguàn, 籍貫, birth place of one's parents, 237
jíshǐ, 即使, even if, 189
jǐ, 擠, crowded, 52, 116
jǐqiānniánlái, 幾千年來, over the past several thousand years, 246
jì...yě, 既...也, not only...but...also, 177
jì...yòu..., 既...又..., not only...but also, 224
jì.jiào, 計較, to fuss about, to be too particular about , 83
jìmò, 寂寞, lonely, 176, 185
jìniàn, 紀念, to commemorate, 134
jì'niànpǐn, 紀念品, souvenir , 197
jìnǚ, 妓女, prostitute, 224
jìrán, 既然, since it is the case that, 53
jìshù, 技術, technology, 209
jìxù, 繼續, to continue, 190
jìyuán, 紀元, era, 244
jìzài, 記載, written record, 228
jiādà, 加大, augment, increase 141
jiātíng, 家庭, family, 169
jiāyuán, 家園, homeland , 210
jīazhòng, 加重, to increase (pressure), 223
Jiāzhōu, 加州, California , 38
jiǎ, 假, false, fake, artificial, 155
jià.qián, 價錢, price, 23
jiàrì, 假日, holiday, 185
jiàjīsuíjī jiàgǒusuígǒu, 嫁雞隨雞嫁狗隨狗, A woman shares the fate of the man she marries, no matter what kind of man he is, 176
jiàliánwùmeǐ, 價廉物美, excellent quality at low prices , 38
jiānchí, 堅持, to insist , 83
jiǎnhuà, 簡化, to simplify, 246
jiǎnhuàzì, 簡化字, simplified characters, 248
jiǎnshěng, 簡省, simplified, economical, 247
jiǎnzhí, 簡直, simply (too), 52
jiàn, 見, to see, 2
jiàn, 建, to build, to construct, 222
jiànjiàn, 漸漸, gradually, 135
jiànkāng, 健康, healthy, 53
jiànlì, 建立, to establish, 229, 236
jiànmiàn, 見面, to meet; to see each other, 23
jiàn.zhù, 建築, building, structure, 22
jiànshè, 建設, construction; to construct, 209
jiāngfēng yúhuǒ duìchóumián, 江楓漁火對愁眠, River maples, fishermen's flares, and troubled sleep, 218
jiānglái, 將來, in the future, 39
Jiāngnán, 江南, south of the lower reaches of the Yangtze River, 215
Jiāngsū, 江蘇, Jiangsu Province, 214
jiǎng, 講, to emphasize, to speak, 34
jiǎnglǐ, 講理, reasonable , 154
jiǎngxuéjīn, 獎學金, scholarship, 28
jiàngluò, 降落, to land (an airplane) , 1
jiāo.fǎ, 教法, way of teaching , 47
jiāogěi, 交給, to hand to, to give to, 170
jiāoliú, 交流, mutual communication and exchange , 231
jiāopéng.yǒu, 交朋友, to make friends, 23
jiāotōng, 交通, traffic; transportation, 61
jiāowǎng, 交往, communication, contact (between people), 231
jiāo.yì, 交易, business, trade, 102
jiàocái, 教材, teaching material , 154
jiàocài, 叫菜, to order dishes, 33
jiàokēshū, 教科書, textbooks, 155
jiàoshòu, 教授, professor , 142
jiaòyù, 教育, education, 60, 116
jiē, 接, to welcome and receive guests or visitors; to pick someone up, 1
jiēbiān, 街邊, sidewalk, 100
jiēdào, 街道, streets and roads in a city, 90
jiējí, 階級, (social) class, 142
jiēshōu, 接收, to take over (territory, government), 230
jiēshòu, 接受, to accept, 91
jiēwěn, 接吻, to kiss (each other), 47
jiégòu, 結構, structure, construction , 177
jiéguǒ, 結果, as a result; a result, 59
jiéjìng, 捷徑, short cut , 190
jiéshěng, 節省, to save, to use sparingly, to economize , 109
jiéshù, 結束, to end, 132j
jǐefàngjūn, 解放軍, liberation army, 155
jiěgù, 解雇, to discharge, to fire, to lay off, 163
jiějué, 解決, to resolve, 117
jiějuébùliǎo, 解決不了, cannot resolve , 122

jiěshì, 解 釋 , to explain , 69
jièkǒu, 藉 口 , excuse; pretext, 209
jìeshaò, 介 紹 , to introduce , 154
jīn, 斤 , Chinese pound, catty, 82
jǐn, 僅 , only, 141
jǐn, 緊 , tight, 47
jǐnmì, 緊 密 , close, inseparable, 162
jǐnzhāng, 緊 張 , nervous, 9
jìnbù, 進 步 , progress, improvement; to improve , 149
jìndài, 近 代 , modern times, 245
jìnlì, 盡 力 , do one's best; use all of one's efforts, 189
jìnxíng, 進 行 , to conduct, to carry out, 245
jìnyíbù, 進 一 步 , one step further , 135
jīng.shén, 精 神 , spirit and mind, 203
jīngcháng, 經 常 , often, frequently, 99
jīngguò, 經 過 , to pass by or through, 100
jīngjì, 經 濟 , economy; economical, 68
jīngjìxuéjiā, 經 濟 學 家 , economist 140
jīnglì, 經 歷 , experiences, 132
jīngxì, 京 戲 , Peking Opera , 203
jīngyàn, 經 驗 , experience, 84
jīngzhì, 精 緻 , exquisite, elegant, delicate, 216
jǐngguān, 景 觀 , landscape, 208
jǐngsè, 景 色 , landscape, view, 216
jìng, 竟 , unexpectedly, 83
jìngrán, 竟 然 , to one's surprise, unexpectedly, 196
jìngzhēng, 競 爭 , to compete, competition , 117, 149
jiù, 救 , to save, to rescue, 8
jiù, 就 , in light of, 244
jiùshì, 就 是 , even, 246
jūmín, 居 民 , residents, 230
jūrán, 居 然 , unexpectedly, 128
jú.zishuǐr, 橘 子 水 儿 , orange juice, 128
jù, 句 , measure word for 話 , 132
jù, 據 , according to, 148
jùlí, 距 離 , distance, 141
jùliè, 劇 烈 , strenuous, fierce , 230
jùshūo, 據 說 , It is said that..., 67
jùwǒsuǒzhī, 據 我 所 知 , as far as I know, 169
juébù, 絶 不 , never, absolutely not, 168
júe.búshì, 絶 不 是 , absolutely not, 155
juédàbù.fèn, 絶 大 部 分 , the majority 155
jūnduì, 軍 隊 , troops, 230

K

kāi, 開 , to turn on, 110
kāichē, 開 車, to drive a car, 2
kāifàng, 開 放 , to open up (for regulations, thoughts, concepts, etc.), 132
kāifàng, 開 放 , open, 224
kaīkěn, 開 墾 , to cultivate (waste land), 229
kāimíng, 開 明 , open-minded, 156
kāishǐ, 開 始 , to begin, 177
kānháizi, 看 孩 子 , to take care of children, 170
kànbuqǐ, 看 不 起 , to look down on, 148
kàndài, 看 待 , to treat , 84
kàn.fǎ, 看 法 , viewpoint , 47
kàn.qǐlái, 看 起 來 , (it) looks, seems, 22
kǎo, 烤, to bake, to roast, 39
kǎolû, 考 慮 , consideration; to consider , 134, 191
kào, 靠 , to depend on, to rely on, 28
kējì, 科 技 , science and technology , 238
kēxué, 科 學 , science, 209, 245
kě'ài, 可 愛 , lovable, 100
kěchǐ, 可 恥 , shameful, disgraceful, 75
kěkào, 可 靠 , reliable, dependable, 244
kělián, 可 憐 , pitiful, poor 195
kěnéng, 可 能 , possible; possibilities, 122
kěpà, 可 怕 , fearful, terrifying 132, 197
kěxī, 可 惜 , it's a pity that..., 23
kèguān, 客 觀 , objective , 248
kèmǎn, 客 滿 , to be filled with guests, no vacancies , 155
kètaòhuà, 客 套 話 , polite remarks , 117
kōngjiān, 空 間 , space (in the sense of dimension) , 109
kōngqì, 空 氣 , air, 197
kōngtiáo, 空 調 , air conditioning , 52
kǒngjù, 恐 懼 , fear, dread , 163
kòngzhì, 控 制 , to control, 170, 185
kǒu, 口 , measure word for family members, 109
kǒuhào, 口 號 , slogan , 141
kǔ, 苦 , bitter, difficult (of life), 150
kuādà, 誇 大 , to exaggerate, 47
kuài, 快 , soon (will be), 195
kuàicān, 快 餐 , fast-food , 128
kuaìjì, 會 計 , accounting, 191
kuaìjìshī, 會 計 師 , accountant, 191
kuaìsù, 快 速 , fast, rapid , 102, 115

kùn, 睏, sleepy, 122
kùn.nán, 困難, difficulties, 121

L

Lādīnghuà, 拉丁化, to alphabetize, 246
lādù.zi, 拉肚子, to have diarrhea , 122
lājīduī, 垃圾堆, garbage heap, 101
là, 辣, spicy-hot, 33
láidào, 來到, to arrive at, to come to, 195
láihuí, 來回, both coming and going, round-trip, 108
láitái, 來台, From Mainland China to Taiwan, 230
laíwǎng, 來往, to have contact with, 228
laízì, 來自, come from , 189
làngfèi, 浪費, wasteful, prodigal ; to waste, 110
lǎobǎixìng, 老百姓, the general public, 108
lǎo.shí, 老實, honest, 154
lǎoshì, 老是, always, 121
lǎotàitài, 老太太, elderly woman, 91
lǎowài, 老外, foreigner (colloquial), 82
lǎoxiānsheng, 老先生, elderly man, 91
lǎoxiāng, 老鄉, fellow-townsman, someone from one's same town , 238
lèguān, 樂觀, optimistic, 210
lèqù, 樂趣, pleasure, 185
léizhènyǔ, 雷陣雨, thunderstorm , 99
leì, 類, kind, category, 117
lěngshuǐ, 冷水, cold water, 10
lí, 離, apart from, 121
líhūn, 離婚, to get a divorce,69, 176
líkāi, 離開, to leave, 129
lǐjiě, 理解, to comprehend , 76
lǐlùn, 理論, to argue (for justice), 84
lǐxiǎng, 理想, ideal , 237
lǐyóu, 理由, reason, 84
lìchǎng, 立場, position, stand , 231
lì.hài, 厲害, severe (of a situation), 168
lìshǐ, 歷史, history, 168
lìwài, 例外, to be an exception , 133
lìyòng, 利用, to take advantage of, to use, 75
lì.zi, 例子, example, 230
lián, 連, even, 38
liánxiǎng, 聯想, to associate with, 196
liáng.kuài, 涼快, pleasantly cool (of weather), 99
liǎngpáng, 兩旁, both sides, two sides, 90
liàng, 亮, (day) breaks; to become light, 17
liáotiān, 聊天, to chat, 116
liǎobùqǐ, 了不起, extraordinary, 245
liǎojiě, 了解, to comprehend, 69
lǐng, 領, to receive, to get (pay, prize, etc.), 170
lǐngdǎo, 領導, leader; to lead , 169
lìngrén, 令人, to make someone; to cause someone, 208
lìngwài, 另外, another, 46
líu, 留, to stay, to remain, 53
liúxíng, 流行, to be in fashion , 132
liúxuéshēng, 留學生, student studying abroad; foreign student , 23
liúyù, 流域, river basin; valley, 208
liùgǒu, 遛狗, to walk dogs, 91
liùniǎor, 遛鳥儿, to walk birds, 91
lùbiān, 路邊, roadside, 82
lùtiān, 露天, open-air, outdoor, 101
lùyīnjī, 錄音機, tape recorder , 91
lǚguǎn, 旅館, hotel 76
lǚyóu, 旅遊, to travel, to tour, 196
luàn, 亂, chaotic; messy, 61
luòhòu, 落後, to be behind; underdeveloped , 9
Luòshānjī, 落杉磯, Los Angeles, 236

M

mápódòu.fǔ, 麻婆豆腐, a dish made of beancurd sauteed with red pepper , 33
mà, 罵, to scold, 46
mǎi.deqǐ, 買得起, can afford buying, 134
mài, 賣, to sell, 101
Màidāngláo, 麥當勞, McDonald's, 128
mǎnyì, 滿意, to be satisfied(with), 117, 245
mángluàn, 忙亂, busy and hurried , 92
Máo, 毛, common family name, 134
máodùn, 矛盾, conflict , 39
máodùn, 矛盾, contradictory , 190
měigǎn, 美感, aesthetic sense, 215
měiguān, 美觀, artistic, pretty , 247
měiguóshì, 美國式, American style , 109
mēnrè, 悶熱, sticky and muggy (of weather), 100

ménpiào, 門票, admission ticket (to a place) , 27
mìmì, 秘密, secret, 68
mìshū, 秘書, secretary , 169
miàn, 麵, noodle, 38
miànbāoche;, 麵包車, "loaf-of-bread car," a van, 2
miàndī, 麵的, a van which is used as a taxi; "bread-loaf taxi", 116
miàn.zi, 面子, face, as in "to lose face", 83
mínzhǔ, 民主, democracy, 164
Mǐnnánhuà, 閩南話, Minnan dialiect, 229
míng.bái, 明白, clear and definite; to understand , 123
Míngcháo, 明朝, Ming Dynasty, 229
Mínglíng, 明陵, the Ming Tombs, 195
míngmíng, 明明, clearly, obviously, 38
Míngmò, 明末, the end of the Ming Dynasty, 229
míngshèng, 名勝, scenic spots, 134
míngxiǎn, 明顯, obvious, evident, clear, 214, 230
mònián, 末年, last years of a dynasty, 229
móushā, 謀殺, to murder, 223
mǒu, 某, a certain (time, person ,thing, etc.), 121
mùdì, 目的, purpose, 191
mùqián, 目前, at present , 116, 140

N

nánbù, 南部, southern region, 237
Nánfāng, 南方, the South (referring to the area south of the Yangzi River), 196
nán'guaì, 難怪, no wonder, 191
nánmiǎn, 難免, inevitable , 84
nánnǚ, 男女, men and women, 46
nánSòng, 南宋, the Southern Song Dynasty (1127-1279), 215
nánwàng, 難忘, unforgettable , 102
nǎozi, 腦子, brain, 156
néngyuán, 能源, energy resources, 109
niándài, 年代, years in a decade, 140, 177
niánlíng, 年齡, age, 68
nìngkě, 寧可, would rather, 122
niúròu, 牛肉, beef , 33
niúzǎi, 牛仔, cowboy , 203
nóng, 農, farmer, 141
nóngcūn, 農村, village, 189
nǔlì, 努力, diligent, 149
nǚxìng, 女性, female, 169
nǚzǐ, 女子, women, 214

O

oǔ' eř, 偶爾, occasionally, 46
òu, 噢, Oh, 122

P

pà, 怕, to be afraid of, 170
páiduì, 排隊, to form a line, to line up , 59
pài, 派, to send, to dispatch, 1
pànduàn, 判斷, to judge and decide, 156
pǎobù, 跑步, to jog, 90
péiyǎng, 培養, to cultivate, 184
péngzhàng, 膨脹, expand/expansion , 223
pī.píng, 批評, to criticize, 46
pìrú, 譬如, for example, 27
pīanjiàn, 偏見, prejudice, bias 154
piānyuǎn, 偏遠, far and remote , 238
pián.yí, 便宜, inexpensive, 23
piàn, 騙, to deceive, to cheat, 84
piào, 票, ticket, 76
pínfùbùjūn, 貧富不均, unequal distribution of wealth, the disparity between the rich and the poor , 141
píngcháng, 平常, usually, 67
píngděng, 平等, equal, 27
píngjūn, 平均, average, 99, 223
pò.hài, 迫害, oppression, persecution; to oppress, 142
pòhuài, 破壞, to ruin; to destroy, 208
pǔbiàn, 普遍, common, widespread, universal , 170
pǔjí, 普及, common and available to everyone , 239
pǔtōnghuà, 普通話, the common language (Mandarin), 236

Q

qījiān, 期間, time period, 178
qīzhōngkǎo, 期中考, midterm exam, 195
qí, 騎, to ride (a bike, a horse, etc.), 2

qíshí, 其實, in fact, actually, 9
qítā, 其他, other, 61
qízhōng, 其中, among, in which, 244
qǐbiànhuà, 起變化, to cause change, 177
qǐmǎ, 起碼, most basic, 52
qǐxiān, 起先, at first, in the beginning, 9
qì, 氣, to be angry, 82
qìwēn, 氣温, air temperature, 99
qiān, 遷, to move to, 231
qiānlí, 遷離, to move away; to change residence, 210
qiáng, 牆, wall; fence, 22
qiángbiān, 牆邊, sections of city close to the city wall, 202
qiángjiān, 強姦, to rape, 108
qiángpò, 強迫, to coerce, to force, 185
qiǎngjié, 搶劫, to rob, 108
qīnqiè, 親切, close and cordial, 238
qīnyǎn, 親眼, (to see) with one's own eyes, 171
Qínshǐhuángdì, 秦始皇帝, the first emperor of the Qin Dynasty (246 - 214 B.C.), 244
Qīngcháo, 清朝, Qing Dynasty, 229
qīngchén, 清晨, early morning, 100
qīngjiāo, 青椒, green pepper, 33
qīngjié, 清潔, to clean; clean, 169
qīngxiàng, 傾向, tendency, 218
qíngkuàng, 情況, conditions, 68
qíngtiān, 晴天, sunny day, 99
qíng.xíng, 情形, situation, 18
qíngxù, 情緒, mood, 53
qíong, 窮, poor, 27
qióngkùn, 窮困, poor, 189
qūxiàng, 趨向, trend, direction, 246
qūyù, 區域, area, district, 229
qǔdài, 取代, to substitute, to replace, 230
qùdeqǐ, 去得起, can afford going, 135
quán, 全, entire, whole, 109
quánbù, 全部, the whole; entire, 170
quánguó, 全國, entire country, 236
quánguógèdì, 全國各地, all over the country, everywhere in the country, 238
quánlì, 權利, rights, 67
quánlì, 權力, power, 190
quántiān, 全天, the whole day, throughout the day, 10
quàn, 勸, to urge, to advise, 108
quēfá, 缺乏, to lack, to be short of, 149
quèshí, 確實, indeed, 223
qún, 群, a group of, 83

R

ránér, 然而, however, 237
ràng, 讓, to make, to cause, 2
ràngwèi, 讓位, to give up one's seat, 84
rèlìe, 熱烈, heated, 156
rèshuǐpíng, 熱水瓶, thermos bottle, 9
réngōng, 人工, man-made, artificial, 216
rénkǒu, 人口, population, 60, 183
rénmínbì, 人民幣, RMB, 18
Rénmínrìbaò, 人民日報, The People's Daily, 117
rénquán, 人權, human rights, 185
rénshānrénhǎi, 人山人海, a sea of people, 196
rénshì, 人士, personages, 230
rénshù, 人數, number of people, 178
rènhé, 任何, any, 28
rèn.shídaò, 認識到, to come to realize, 149
rènwéi, 認為, to believe, to think, to consider, 129
rìchángshēnghuó 日常生活, daily life, 109
rìyòngpǐn, 日用品, daily necessities, 101
rì.zi, 日子, time, 99
rú, 如, such as (literary), 247
rúguǒ, 如果, if, 109
rùchǎngquàn, 入場券, admission ticket, 134
rùxué, 入學, to enter school, 190

S

Sānxiá, 三峽, The Three Gorges, 208
shājīqǔluǎn, 殺雞取卵, kill the hen to get the eggs, 133
shāmò, 沙漠, desert, 216
shārén, 殺人, to kill people, 108
shǎ.zi, 傻子, fool, 84
shāndòng, 山洞, cave, 210
shānshuǐ, 山水, landscape, scenery with mountains and water, 196
shànliáng, 善良, kind, 155
shāngbiāo, 商標, trademark, 218
shāngchǎng, 商場, store, 82

shāng.rén, 商人, business person, merchant, 133
shāngyè, 商業, commerce, business, 132
shàngbān, 上班, to go to work, 92
shàngbuliǎo, 上不了, cannot get into a car, 59
shàngcèsuǒ, 上廁所, to go to the restroom, 8
shàngchē, 上車, to get into a car, 59
shàngdàng, 上當, to be fooled, 82
Shànghǎi, 上海, Shanghai, 222
shàngxiàbān, 上下班, to go to and get off work, 109
shǎojiàn, 少見, rare, 177
shē.chǐ, 奢侈, luxurious, wasteful, 53
shè.bèi, 設備, equipment, facilities, 60
shèhuì, 社會, society, 68
shèhuìfēng.qì, 社會風氣, social common practices , 135
shèhuìguān.xì, 社會關係, social connections, 75
shèhuìzhì'ān, 社會治安, public safefty, public security, 117
shèshì, 攝氏, Celsius , 99
shēn, 深, deep, 90
shēn'ài, 深愛, deeply in love with, 217
shēnrù, 深入, penetrate deep into 238
shēnzào, 深造, to pursue higher education, 190
shén.me.de, 甚麼的, and the like, 69
shén.meyàng, 甚麼樣, what kind of, 76
shěnměi biāozhǔn, 審美標準, aesthetic judgement standards , 217
shènzhì, 甚至, even to the degree that, 60
shēngbìng, 生病, to get sick, 163
shēnghuó, 生活, life, 53
shēngtài, 生態, natural habitat, 209
shēng.yì, 生意, business, 129
shěng, 省, province, 214
shīqù, 失去, to lose , 163
shīrén, 詩人, poet, 216
shīwàng, 失望, disappointed, 203
shīyè, 失業, to lose one's job, to be unemployed, 190
shīyì, 詩意, poetic flavor, 215
shíchā, 時差, time lag, time difference, 17
shídì, 實地, at the actual place, on the spot, 168
shíjiānbiǎo, 時間表, a schedule, a time table , 92
shíjì, 實際, real, realistic, practical, 155, 191
shíshí, 時時, often, constantly, 84
shítáng, 食堂, dining hall , 22
shíwù, 食物, food , 148
shíyīzhùxíng, 食衣住行, food, clothing, dwelling and transportation, 222
shízài, 實在, indeed , 123
shǐ, 使, to cause, 47
shì.lì, 勢力, power , 140
shì.yìng, 適應, to adapt, 222
shìhé, 適合, to suit, to fit, 247
shìjiè, 世界, world, 38
shìjiègèdì, 世界各地, all over the world, 218
Shìjièyǔ, 世界語, Esperanto, 245
shìjì, 世紀, century, 177, 228
shìmín, 市民, city residents , 115
shìyīnggāide, 是應該的, it's proper to, 84
shōu, 收, to collect, 134
shōurù, 收入, income , 28, 117
shōuyǎng, 收養, to adopt (a child) , 69
shǒu, 首, for songs and poems, 217
shǒuduàn, 手段, means, method, 191
shǒudū, 首都, capital , 1
shǒufǎ, 守法, abide by the law , 155
shòubùliǎo, 受不了, to be unable to stand (something), 123
shòudào, 受到, to receive, 27
shòupiàn, 受騙, to be fooled, to be deceived, 83
shòuyìzhě, 受益者, beneficiary, 142
shòuzuì, 受罪, to suffer , 52
shūcài, 蔬菜, vegetables, 101
shūfǎ, 書法, calligraphy, 247
shūguǒ, 蔬果, vegetables and fruits, 101
shūshì, 舒適, comfortable, 52
shǔjià, 暑假, summer vacation , 208
shǔtiáo, 薯條, French fries , 128
shǔyú, 屬於, to belong to , 229
shù, 樹, trees, 22
shù.liàng, 數量, amount , 246
shuàn, 涮, to rinse (in a container), 39
shuǐguǒ, 水果, fruit , 101
shuǐjiǎo, 水餃, boiled dumplings (Chinese ravioli), 129
shuǐkù, 水庫, reservoir, 208
shuǐpíng, 水平, level , 148
shuǐshēng, 水聲, sound of water, 90
shuìbùhǎo, 睡不好, cannot sleep well, 121
shuìbùzháojiào, 睡不著覺, to be unable

to fall asleep, 163
shùnlì, 順利, smooth, without a hitch, 1
shuōbudìng, 說不定, maybe, perhaps, 39
shuōmíng, 說明, to show (in this context), to illustrate, to clarify, to explain, 129
Sìchuān, 四川, Sichuan ,33
sìhéyuàn, 四合院, a traditional Chinese-style compound with rooms around a courtyard , 22
sījī, 司機, driver (as an occupation) , 169
sīkǎo, 思考, to ponder, to contemplate, 156
sīrén, 私人, private, individual, 102
sīshì, 私事, personal affairs, 69
sīxiǎngshǐ, 思想史, intellectual history, 245
sìhū, 似乎, it seems, 84
sìmiào, 寺廟, temple, 215
sònglǐ, 送禮, to give someone a gift , 77
Sūzhōu, 蘇州, Suzhou, 196
sùliào, 塑料, plastic, 197
sùliàodài, 塑料袋, plastic bag , 218
sùshí, 速食, fast food , 129
suàn, 算, to consider, to deem, 148
suídì, 隨地, anywhere, 197
suíshēn, 隨身, to carry on one's person, 8
suí.zhe, 隨著, along with, following, 197
suōxiǎo, 縮小, to shorten , 141
suǒdé, 所得, income , 142
suǒwei, 所謂, the so-called, 215
suǒzàidì, 所在地, location, 237

T

tā, 它, it, 92, 164
Táiwān, 台灣, Taiwan, 38, 228
tài.dù, 態度, attitude, 83, 191
tài.tài, 太太, wife, 169
tānfàn, 攤販, stall vendor, street peddler, 102
tānwū, 貪污, corruption , 224
tánhuà, 談話, to converse, to chat, 68
táng, 堂, hall, 134
Tángcháo, 唐朝, Tang Dynasty, 217
tǎng, 躺 , to lie down, 17
tàng, 趟, measure word for the number of times traveled, 195
táotài, 淘汰, to eliminate (through selection or competition), 248
táozi, 桃子, peach, 101
tǎolùn, 討論, discussion, to discuss ,117, 156
tào, 套, a set of (rules, conventions, etc.), 77
tèbié, 特別, special, 17
tèquán, 特權, privilege, 76
tí, 提, to mention, 224
tíbùchū, 提不出, cannot withdraw (money) out of a bank, 60
tíchàng, 提倡, to advocate, to promote, 245
tígāo, 提高, to elevate, 135
tígōng, 提供, to provide, 115, 163
tíqián, 提錢, to withdraw money from a bank , 59
tǐhuì, 體會, to comprehend intuitively from personal experience, 133, 163
tǐyàn, 體驗, to personally experience , 53
tǐzhì, 體制, system (of rules), 102
tiān.qì, 天氣, weather, 10
tiāntáng, 天堂, paradise, 214
tiānxià, 天下, the world, 210
tiáo, 條, measure word for fish , 33
tiáo.zi, 條子, note, 122
tiáojiàn, 條件, (living) conditions, 52
tiǎozhàn, 挑戰, challenge; to challenge , 149
tiàodísīkē, 跳迪斯科, to dance disco dancing, 91
tiàowǔ, 跳舞, to dance , 91
tiē, 貼, to paste, 122
tīngshuō, 聽說, it is reported that..., (I) heard that..., 168
tíngchē, 停車, to park a car, 61
tíngyuán, 庭園, courtyard garden, 216
tōngguò, 通過, to pass through, 1
tōngguò, 通過, to pass (an exam), 189
tōngguò, 通過, by means of, 238
tōnghuò, 通貨 , currency, 222
tōngxíng, 通行, commonly practiced , 236
tóngbāo, 同胞, a compatriot, fellow countryman, 156
tóngqíng, 同情, to sympathize , 101
tóngxiāng, 同鄉, fellow-townsman, someone from one's same town , 238
tóngyī, 同一, same, 68
tóngyì, 同意, to agree with, 53
tóngyīnzì, 同音字, homonym, 247
tǒngzhì, 統治, to rule, to reign, to govern, 230
tòngkǔ, 痛苦, painful , 176

tōuqiè, 偷竊, to steal, 108
túshā, 屠殺, to massacre, to slaughter, 230
tǔdì, 土地, land, 236
tǔtán, 吐痰, to spit (phlegm), 197
tuīxíng, 推行, promote , 183

W

wǎ, 瓦, tile (here: roof tiles), 22
wàibàn, 外辦, foreign student advisor, 23
wàibīn, 外賓, foreign guests, 84
waìdì, 外地, a place other than one's hometown , 237
wàilái, 外來, foreign, 91
wàishìchù, 外事處, foreign affairs office, 1
wàiyǔ, 外語, foreign language, 91
wánhǎo, 完好, perfect, 215
wànbānjiēxiàpǐn, wéiyǒudúshūgāo, 萬般皆下品唯有讀書高, There is no profession that is superior to being a scholar, 189
Wángfǔjǐng, 王府井, major shopping district in Beijing, 108
wǎngwǎng, 往往, often, 143
wàng, 忘, to forget, 132
Wēinísī, 威尼斯, Venice, 217
wéi, 圍, to surround, to encircle, 83
wéi, 為, to be; as(literary) , 178
wéichí, 維持, to maintain, to keep up, 117, 176
wéiyī, 唯一, only, 183
wěiyuánhuì, 委員會, committee, 245
wèi, 為, for, 110, 163
wèi...ér..., 為A而B, to B because of A, 163
wèi.dào, 味道, smell, taste, flavor, 122
wèile, 為了, for (a purpose), 8
wèimiǎn, 未免, a bit too; rather, 210
wèir, 味儿, smell, odor, 123
wèishēng, 衛生, sanitation, 34
wèishēngzhǐ, 衛生紙, toilet paper , 8
wénhuà, 文化, culture, 47
wénhuà dàgémìng, 文化大革命, the Cultural Revolution, 132
wénrén, 文人, literati, scholar, 216
wénwù, 文物, cultural relic, the products of a culture, 202
wénxué, 文學, literature, 177
wén.zi, 蚊子, mosquito, 100
wénzì, 文字, writing system; Chinese characters, 244
wèntíbúdà, 問題不大, it is not a big problem, 123
wūrǎn, 污染, pollution, contamination; to pollute , 109
wúfēi, 無非, simply; nothing but, 217
wúlun, 無論, no matter, 59, 222
wúshù, 無數, numerous, 215
wúsuǒbùnéng, 無所不能, omnipotent, all-mighty, 184
wúsuǒwèi, 無所謂, don't care either way, 34
wǔhòu, 午後, afternoon, 99
wǔjiào, 午覺, afternoon nap, 100
wǔrǔ, 侮辱, to insult, to humiliate , 154
wù, 勿, do not (a literary word often used in an imperative sentence), 197
wùchǎn, 物產 , products, 214
wùdǎo, 誤導, to mislead, 156
wùdiǎn, 誤點, to be behind schedule (said of train, airplane or bus), 2
wùjià, 物價, commodity price , 117
wùzhì, 物質, material , 203

X

xībùpiān, 西部片, western pictures, cowboy films, 203
xīdú, 吸毒, to do drugs , 223
Xīfāng, 西方, the West, 140
xī.guā, 西瓜, watermelon , 101
xīhóngshì, 西紅柿, tomato, 82
Xīhú, 西湖, West Lake, 196
xīqí, 稀奇, rare, scarce, uncommon, 170
xīwàng, 希望, to hope; a hope, 121
xīyǐn, 吸引, to attract, to draw , 129
xíguàn, 習慣, to get used to, to be accustomed to, 18
xǐyījī, 洗衣機, washing machine, 52
xǐzǎo, 洗澡, to take a bath or shower, 10
xiàhǎi, 下海, to jump into the sea, here: to do business , 142
xiàjiàng, 下降, to decline, to drop, to go down , 178
xiàqí, 下棋, to play chess, 100
xiàtiān, 夏天, summer, 99
xiàyǔ, 下雨, to rain, 99
xiān, 先, first, 76
xiān.shēng, 先生, Mr., 2
xiān.shēng, 先生, husband, 169

xiánliáo, 閒 聊 , to chat, 185
xiǎnchū, 顯 出 , to appear, reveal, 92
xiǎndé, 顯 得 , to show, 185
xiǎnrán, 顯 然 , obviously, clearly, 60
xiǎnshì, 顯 示 , to indicate, 183
xiǎnzhù, 顯 著 , evident, notable , 141
xiàn, 縣 , county, 236
xiàndàihuà, 現 代 化 , modernize , 202
xiànjīn, 現 金 , cash, 18
xiàn.xiàng, 現 象 , phenomenon , 148
xiànyǒu, 現 有 , available, existing, 244
xiànzhì, 限 制 , to limit, to restrict , 163
xiāng, 鄉 , countryside, 60
xiāng, 香 , fragrant, 154
xiāngchǔ, 相 處 , to get along, 184
xiāngdāng, 相 當 , to correspond to, to be equivalent to, 67
xiāngduìláishuō, 相 對 來 說 , relatively speaking, 77
xiāngfǎn, 相 反 , contradictory , 141
xiānggān, 相 干 , related, connected, 67
Xiāngshān, 香 山 , Fragrant Mountain, 195
xiāngtóng, 相 同 , the same, identical, 69
xiāngtǔ, 鄉 土 , one's native land, 237
xiāngxìn, 相 信 , to believe, 28
xiǎngshòu, 享 受 , luxurious enjoyment; to enjoy, 128
xiǎngxiàng, 想 像 , to imagine, to fancy, 9
xiàng, 向 , toward, 132
xiàng, 像 , to resemble, 22
xiàng, 像 , such as, 195
xiàng...shìde, 像 ... 似 的 , it seems like, 92
xiāoxí, 消 息 , information, news, 117
xiǎo.qì, 小 氣 , stingy , 28
xiǎobiàn, 小 便 , to urinate, 59
xiǎochī, 小 吃 , local dishes eaten as a snack, 101
xiǎochītān, 小 吃 攤 , food stand, 142
xiǎofàn, 小 販 , peddler, street vendor, 82
xiǎopàngzi, 小 胖 子 , little fatty, 183
xiǎoqiáoliúshuǐ, 小 橋 流 水 , little bridge and running water , 215
xiǎoshí, 小 時 , hour, 2
xiǎotānr, 小 攤 儿 , street-side stand, 148
xiǎotíqín, 小 提 琴 , violin, 184
xiǎoxíng, 小 型 , mini, small-size, 116
xiào, 笑 , to laugh at, 75
xiào.huà, 笑 話 , a joke, 171
xiào.lǜ, 效 率 , efficiency, 129
xiàoróng, 笑 容 , smile , 129
xiàoshè, 校 舍 , school buildings, 22
xiào.shùn, 孝 順 , to be obedient to parents; to show filial piety towards one's parents, 46
xiào.yì, 效 益 , benefit , 133
xiàoyuán, 校 園 , campus , 22
xiē, 些 , a little, 23
Xīnjīapō, 新 加 坡 , Singapore, 38
xīnlǐ, 心 理 , mentality, 191
xīn.xiān, 新 鮮 , novel, original (of experience); fresh, 2
xīnzàngbìng, 心 臟 病 , heart disease , 34
xìnrèn, 信 任 , trust , 238
xìnxīn, 信 心 , confidence, 156
xìnyǎng, 信 仰 , religious belief, 177
xìnyòngkǎ, 信 用 卡 , credit card , 18
xīngfèn, 興 奮 , excited, 2
xíng, 行 , transportation (literary), 117
xíng, 行 , trip, travel (literary), 154
xíngchéng, 形 成 , to form, to take shape, 102
xíngzhèng, 行 政 , administration, 229
xǐng, 醒 , to wake up, 17
xìngfú, 幸 福 , happiness and well-being; happy , 148
xìnghuāchūnyǔ, 杏 花 春 雨 , apricot blossom and spring rain , 215
xìngkuī, 幸 虧 , fortunately, 8
xìngmíng, 姓 名 , name, 237
xìng.yùn, 幸 運 , fortunate, lucky , 148
xiōngdìjiěmeì, 兄 弟 姐 妹 , siblings, 185
xiū, 修 , to renovate, 22
xūyào, 需 要 , to need, 77
xǔduō, 許 多 , many, 47
xuélì, 學 歷 , educational background, 69
xuéqī, 學 期 , semester , 154
xuéweì, 學 位 , academic degree, 190
xuéxí, 學 習 , to study, 52
xùnliàn, 訓 練 , training; to train, 184, 245

Y

yā, 鴨 , duck , 39
yālì, 壓 力 , pressure , 163, 184, 223
yāpò, 壓 迫 , oppression; to oppress , 168
yángé, 嚴 格 , strict, 183
yánhaǐ, 沿 海 , along the coast, 228
yánjiū, 研 究 , to do further analysis; research, 123

yánjiūsǔo, 研究所, graduate school , 190
yánlùn, 言論, opinion on public affairs, 116
yánlùn, 言論, words, 246
yánlùnzìyóu, 言論自由, freedom of speech, 177
yánzhòng, 嚴重, serious, severe (of a situation, illness, etc.), 109, 223
yǎnjìn, 演進, to progress gradually, 245
yànfán, 厭煩, to be sick of, to be fed up with , 100
yángròu, 羊肉, lamb meat , 39
yàng.zi, 樣子, appearance, look, 92
yāo.qíu, 要求, request , 52
yěhǎo...yěhǎo, 也好... 也好, whether ... or ..., 162
yěqù, 野趣, "outdoorsy", natural beauty, 216
yèbàn zhōngshēngdaò kèchuán, 夜半鐘聲到客船, The tolling of the midnight bell reachers the wanderer's boat , 218
yèshì, 夜市, night market , 101
yī...jiù, 一... 就, as soon as, 122
yīliáo, 醫療, medical treatment, 163
yīlíu, 一流, first-class quality , 191
yíbèi.zi, 一輩子, a lifetime, 176
yídàzǎo, 一大早, very early (in the morning), 121
yíduìr, 一對儿, a couple, a pair, 91
yídìng, 一定, must, 8
yídìng, 一定 , a certain, 68
Yíhéyuán, 頤和園, the Summer Palace, 195
yímiàn, 一面, one side, one aspect, 100
yímín, 移民, immigrant; immigration; to immigrate , 229
yíxiàng, 一向, all along, 129
yízài, 一再, repeatedly, 9
yízhì, 一致, same, 237
yǐ ... wéi, 以...為, to regard ... as, take ... as, 76
yǐ ... wéichǐ, 以...為恥, to regard ... as a shame, 76
yǐ ... wéiróng, 以...為榮, to regard ... as an honor, 76
yǐběi, 以北, to the north of, 216
yǐshàng, 以上, above, 117
yì.sī, 意思, meaning, 67
yì.yì, 意義, significance, meaning, 247
yìbān, 一般, general, 83
yìbānláishuō, 一般來說, generally speaking, 27
yìjiàn, 意見, opinion, 116
yìqǐ, 一起, together, 47
yìshù, 藝術, art, 217
yīncǐ, 因此, "because of this", therefore, 176, 238
yīnyuè, 音樂, music, 191
yīnyuèjiā, 音樂家, musician, 191
yínháng, 銀行, bank , 18
yǐnliaò, 飲料, beverage , 196
yǐnqǐ, 引起, to draw, to attract, 140
yǐnsī, 隱私, privacy , 67
yìn.xiàng, 印象, impression , 59
Yìndì'ānrén, 印地安人, American Indians, 203
yíngyǎng, 營養, nutrition , 34
yǐngxiǎng, 影響, to effect, to influence , 53
yōngbào, 擁抱, to embrace , 46
yǒngjiǔ, 永久, perpetual; forever, 209
yǒngyuǎn, 永遠, forever,always , 248
yòngbùzháo, 用不著, need not, 9
yòngguànle, 用慣了, have gotten used to using, 18
yòngpǐn, 用品, articles for use , 223
yòngzuò, 用作, to be used as , 168
yōudài, 優待, preferential treatment, 84
yōuměi, 優美, graceful, exquisite, 218
yōuxiān, 優先, priority , 133
yōuxiānquán, 優先權, special privilege, priority, 84
yōuxián, 悠閒, leisurely and unhurried , 92
yōuyuèxìng, 優越性, advantage, superiority , 164
yóu, 由, by, from, 170
yóukè, 遊客, tourists, 196
yóulǎn, 遊覽, to go sightseeing , 214
yóuqí, 尤其, especially, 101
yóuyǒng, 游泳, to swim, 184
yóuyú, 由於, due to, 177
yǒuqù, 有趣, interesting, 39
yǒutiānfèn, 有天份, to be talented , 191
yǒuxiàn, 有限, limited, restricted, finite , 60
yǒuyílì, bìyǒuyíbì, 有一利, 必有一弊 , to have both advantages and disadvantages 210
yǒuyìsi, 有意思, interesting, 38
yǒuyì.yì, 有意義, meaningful, 149
yòu.zhì, 幼稚, childish, 196
yú, 魚, fish, 33

yúkuài, 愉快, happy, delighted, 83
yúmǐzhīxiāng, 魚米之鄉, a land of plenty , 215
yǔ, 與, and (literary), 68, 222
yùdào, 遇到, to run into , 238
yuánlái, 原來, originally, 75
yuánlín, 園林, gardens, park, 216
yuánshǐ, 原始, primitive , 209
yuányīn, 原因, reason, 178
yuánzé, 原則, principle, 133
yuánzǐdàn, 原子彈, atomic bomb , 140
yuǎn, 遠, far, distant, 122
yuàn.yì, 願意, to be willing to, 18
yuèláiyuè, 越來越, more and more, 143
yuèluò wūtíshuāng mǎntiān, 月落烏啼霜滿天, The setting moon, a cawing crow, the frost-filled sky, 218
Yúnnán, 雲南, Yunnan Province , 216
yǔnxǔ, 允許, to permit , 156
yùn.dòng, 運動, exercise, sports; to exercise, 91
yùnshū, 運輸, shipping, to transport, 217

Z

zǎi, 宰, to kill, to butcher, (here) to swindle, 133
zài ... xià, 在...下, under, 176
zài...zhīxià, 在...之下, under (abstract), 149
zàinǐkànlái, 在你看來, in your view, 52
zàishuō, 再說, furthermore, moreover, 68
zāng, 髒, dirty, 34
zāngchòubùkān, 髒臭不堪, unendurably dirty and smelly, 155
zǎocāo, 早操, morning exercise, 100
zǎo.chén, 早晨, (early) morning, 90
zaǒzaì, 早在, as early as, 228
zàochéng, 造成, to cause to happen, to result in, 109, 230
zēnggāo, 增高, to increase, to augment, 178
zēngjiā, 增加, to increase , 142, 183
zhá, 炸, to fry, 128
zhǎnlǎn, 展覽, exhibition; to exhibit 134
zhàn, 站, to stand, 59
zhàn, 站, station, 202
zhànbúzhù, 站不住, to be untenable, 248
Zhāngjì, 張繼, name of a Tang poet, 217
zhāngláng, 蟑螂, cockroach, 34
zhǎngdà, 長大, to grow up, 184
zhāo.pái, 招牌, a signboard (to attract customers) , 39
zhǎo, 找, to look for , 1
zhào, 照, according to, 122
zhàocháng, 照常, as usual , 110
zhàogù, 照顧, to take care of, 163
zhě, 者, person , 156
Zhèjiāng, 浙江, Zhejiang Province, 214
zhèjǐtiān, 這幾天, these few days, 121
zhèyàng, 這樣, like this, in this way, 9
zhēnjié, 貞節, chastity (said of a woman), 168
zhēnshí, 真實, actual, real, 155
zhèn, 鎮, town, 60
zhēngqǔ, 爭取, to strive for, to fight for, 177
zhēngxiānkǒnghòu, 爭先恐後, to strive to be ahead of others and fear to be behind, 60
zhěnggè, 整個, the whole, 133
zhěngqí, 整齊, in good order, neat, 202
zhěngtiān, 整天, all day long, 109
zhèng, 正, just, precisely, 129
zhèngcè, 政策, policy, 183
zhèngcháng, 正常, normal, 76
zhèngfǔ, 政府, government, 149
zhèngmíng, 證明, proof; to prove, 168, 223
zhèngquè, 正確, proper, accurate, 155
zhīchí, 支持, support ; to support , 142
zhījiān, 之間, between, 102
zhīnèi, 之內, within , 236
zhīpiào, 支票, a (money) check , 18
zhī.shí, 知識, knowledge, 178
zhī.shífènzǐ, 知識份子, intellectual 142
zhí.dé, 值得, to be worthwhile, 203
zhǐchū, 指出, to point out, 116
zhǐyào, 只要, as long as, 38
zhìdù, 制度, system, 68, 189
zhìjīn, 至今, up to the present, 215
zhì.liàng, 質量, quality , 197, 203
zhìyú, 至於, as to, as for, 170
zhōng, 中, in, 162
ZhōnghuáRénmín Gònghéguó, 中華人民共和國, The People's Republic of China, 231
zhōnglǎoniánrén, 中老年人, middle-aged and elderly people, 90
Zhōngrì Zhànzhēng, 中日戰爭, the Sino-

Japanese War (1894-1895), 229
zhōngshì, 中式, Chinese style, 22
Zhōngyāngdiàn shìtaí, 中央電視台, Central China Television Station, 117
zhǒngzhǒng, 種種, various kinds of, 178
zhǒngzú, 種族, race, 155
zhòngdà, 重大, major, significant, 244
zhòng.shì, 重視, to consider important, 142
zhòngshì, 重視, to emphasize, to value highly, 189
zhòngyào, 重要, important, crucial, 53
zhōumò, 週末, weekend, 52
zhǔchí, 主持, to preside, host; to direct, 189
zhǔfàn, 煮飯, to cook (meals), 170
zhǔguān, 主觀, subjective, 247
zhǔrén, 主人, master, host, 170
zhǔrèn, 主任, head of an office, director, 121
zhǔxí, 主席, chairperson, 134
zhǔyào, 主要, main, major, 60
zhǔyì, 主義, "-ism", 156
zhǔzhāng, 主張, opinion; to advocate, 237
zhùcè, 註册, to register, 17
zhùchéng, 築成, to complete the construction, 208
zhùfáng, 住房, housing, 162
zhùmǎn.le, 住滿了, filled ("lived in" to capacity), 122
zhùmíng, 著名, famous, renowned, 237
zhuānmén, 專門, specialized, 245
zhuǎnbiàn, 轉變, change, 231
zhuànqián, 賺錢, to earn money, 67
zhuāng, 裝, to store; to load, 9
zhuāngshì, 裝飾, decoration, 216
zhuàng, 幢, measure word for buildings, 109
zhuīqiú, 追求, to pursue, 149
zìláishuǐ, 自來水, indoor plumbing, 9
zìrán, 自然, natural, 208
zìxíngchē, 自行車, bicycle, 2
zìyóu, 自由, freedom, free 116, 150
zǒngjī, 總機, telephone switchboard, 17
zǒubùtōng, 走不通, cannot go through, 115
zǒuhòumén, 走後門, to get in by the back door, 75
zǒu.zoǔ, 走走, to take a walk, 46
zǔ'ài, 阻礙, to hinder, to impede, 245
zǔfùmǔ, 祖父母, grandparents, 183
zǔzhī, 組織, organization, 162
zǔzhǐ, 阻止, to stop, to impede, 162
zuìchū, 最初, the first, 141
zuìhǎo, 最好, had better, 53
zūnjìng, 尊敬, to respect, 46
zuǒyòu, 左右, around, or so, 99
zuòjiāwù, 做家務, to do housework, 170
zuòmǎi.mài, 做買賣, to do business, 133
zuòmèng, 做夢, to dream, 209
zuòpǐn, 作品, (literary) works, 177
zuòtǐcāo, 做體操, to do free exercises, gymnastics, 90
zuozhě, 作者, author, 154

A

a bit too; rather, 未免, wèimiǎn, 210
a certain (time, person, thing, etc.), 某, mǒu, 121
a little, 些, xiē, 23
A woman shares the fate of the man she marries, no matter what kind of man he is., 嫁雞隨雞嫁狗隨狗, jiàjīsuíjī jiàgǒusuígǒu, 176
abortion; to perform an abortion, 墮胎, duòtaī, 185
above, 以上, yǐshàng, 117
abroad, 國外, guówài, 84
absolutely not, 絕不是, júe.búshì, 155
academic degree, 學位, xuéweì, 190
according to, 照, zhào, 122
according to, 據, jù, 148
according to, 按照, ànzhào, 75
accountant, 會計師, kuaìjìshī, 191
accounting, 會計, kuaìjì, 191
achievement, records established, 成績, chéng.jī, 237
across from, 對面, duìmiàn, 33
actual, real, 真實, zhēnshí, 155
administration, 行政, xíngzhèng, 229
admission ticket, 入場券, rùchǎngquàn, 134
admission ticket (to a place), 門票, ménpiào, 27
adult, grown-up, 成年人, chéngniánrén, 183
advantage, superiority, 優越性, yōuyuèxìng, 164
aesthetic judgement standards, 審美標準, shěnměi biāozhjǔn, 217
aesthetic sense, 美感, měigǎn, 215
afternoon, 午後, wǔhòu, 99
afternoon nap, 午覺, wǔjiào, 100
age, 年齡, niánlíng, 68
air, 空氣, kōngqì, 197
air conditioning, 空調, kōngtiáo, 52
air temperature, 氣溫, qìwēn, 99
airplane, 飛機, fēijī, 1
airport, 機場, jīchǎng, 1
Alaska, 阿拉斯加, Ālāsījiā, 236
alive, 活, huó, 223
all along, 一向, yíxiàng, 129
all day long, 整天, zhěngtiān, 109
all over the country, everywhere in the country, 全國各地, quánguógèdì, 238
all over the world, 世界各地, shìjiègèdì, 218
almost, 幾乎, jīhū, 134
almost the same, about the same, 差不多, chàbuduō, 69
along the coast, 沿海, yánhaǐ, 228
along with, following, 隨著, suí.zhe, 197
also, and (literary), 而, ér, 176
always, 老是, lǎoshì, 121
American Indians, 印地安人, Yìndì'ānrén, 203
American style, 美國式, měiguóshì, 109
amiable, friendly, cordial, 和氣, hé.qì, 18
among, in which, 其中, qízhōng, 244
amount, 數量, shù.liàng, 246
ancient times, 古代, gǔdài, 202, 216
ancient times, 古時候, gǔshíhòu, 209
and, 和, hé, 9
and (literary), 與, yǔ, 68, 222
and so on, 等, děng, 178
and the like, 甚麼的, shén.me.de, 69
and, also, accordingly, 而, ér, 149, 155
anew, begin again from scratch, 重新, chóngxīn, 222
another, 另外, lìngwài, 46
any, 任何, rènhé, 28
anywhere, 隨地, suídì, 197
apart from, 離, lí, 121
apartment, 公寓, gōngyù, 203
appearance, look, 樣子, yàng.zi, 92
approximately, 大致, dàzhì, 69
apricot blossom and spring rain, 杏花春雨, xìnghuāchūnyǔ, 215
area, district, 區域, qūyù, 229
around the city, 環城, huánchéng, 115
around, or so, 左右, zuǒyòu, 99
art, 藝術, yìshù, 217
articles for use, 用品, yòngpǐn, 223
artistic, pretty, 美觀, měiguān, 247
as early as, 早在, zaǒzaì, 228
as far as I know, 據我所知, jùwǒsuǒzhī, 169
as far as I'm concerned, 對我來說, duìwǒláishuō, 2
as long as, 只要, zhǐyào, 38
as soon as, 一...就, yī...jiù, 122
as to, as for, 至於, zhìyú, 170
as usual, 照常, zhàocháng, 110
aspect, 方面, fāngmiàn, 38

at the actual place, on the spot, 實地, shídì, 168
atomic bomb, 原子彈, yuánzǐdàn, 140
attachment, feeling, 感情, gǎnqíng, 238
attitude, 態度, tài.dù, 83, 191
author, 作者, zuòzhě, 154
available, existing, 現有, xiànyǒu, 244
average, 平均, píngjūn, 99, 223

B

backyard, 後院, hòuyuàn, 217
ballet, 芭蕾舞, bāleíwǔ, 184
bank, 銀行, yínháng, 18
basic, fundamental, 基本, jīběn, 185
basically, 基本上, jīběnshàng, 83
"because of this", therefore, 因此, yīncǐ, 176
beef, 牛肉, níuròu, 33
beginning stage (of time), 初期, chūqī, 140
beginning years of a century, 初年, chū'nían, 177
Beijing, 北京, Běijīng, 1
beneficiary, 受益者, shòuyìzhě, 142
benefit, 效益, xiào.yì, 133
between, 之間, zhījiān, 102
beverage, 飲料, yǐnliaò, 196
bicycle, 自行車, zìxíngchē, 2
big city, a metropolis 都市, dūshì, 108
birth place of one's parents, 籍貫, jíguàn, 237
bitter, difficult (of life), 苦, kǔ, 150
boiled dumplings (Chinese ravioli), 水餃, shuǐjiǎo, 129
both coming and going, round-trip, 來回, láihuí, 108
both sides, two sides, 兩旁, liǎngpáng, 90
bottom (layer), 底層, dǐcéng, 142
brain, 腦子, nǎozi, 156
Buddhism, 佛教, Fójiào, 215
building, structure, 建築, jiàn.zhù, 22
business, 生意, shēng.yì, 129
business person, merchant, 商人, shāng.rén, 133
business, trade, 交易, jiāo.yì, 102
busy and hurried, 忙亂, mángluàn, 92
but, 不過, búguò, 23
but, 而, ér, 60
by (a passive voice marker), 被, bèi, 90
by means of, 通過, tōngguò, 238
by, from, 由, yóu, 170

C

California, 加州, Jiāzhōu, 38
calligraphy, 書法, shūfǎ, 247
campus, 校園, xiàoyuán, 22
can afford buying, 買得起, mǎi.deqǐ, 134
can afford going, 去得起, qùdeqǐ, 135
cancer, 癌症, aízhèng, 34
cannot get enough to eat, 吃不飽, chībùbǎo, 185
cannot get into a car, 上不了, shàngbuliǎo, 59
cannot go through, 走不通, zǒubùtōng, 115
cannot resolve, 解決不了, jiějuébùliǎo, 122
cannot sleep well, 睡不好, shuìbùhǎo, 121
cannot withdraw (money) out of a bank, 提不出, tíbùchū, 60
Cantonese, 廣東話, Guǎngdōnghuà, 116
capital, 首都, shǒudū, 1
capital (old form), 都城, dūchéng, 215
cash, 現金, xiànjīn, 18
Cathay, China (ancient name of China), 華夏, huáxià, 154
cave, 山洞, shāndòng, 210
Celsius, 攝氏, shèshì, 99
Central China Television Station, 中央電視台, Zhōngyāngdiàn shìtaí, 117
century, 世紀, shìjì, 177, 228
certain, 一定, yídìng, 68
chairperson, 主席, zhǔxí, 134
challenge; to challenge, 挑戰, tiǎozhàn, 149
change, 轉變, zhuǎnbiàn, 231
change; to change, 變化, biànhuà, 222
chaotic; messy, 亂, luàn, 61
chastity (said of a woman), 貞節, zhēnjié, 168
check (money), 支票, zhīpiào, 18
chemical, 化學, huàxué, 209
child, 孩子, háizi, 46
childish, 幼稚, yòu.zhì, 196
Chinese pound, catty, 斤, jīn, 82
Chinese style, 中式, zhōngshì, 22
city, 城市, chéngshì, 222
city residents, 市民, shìmín, 115

city wall, 城牆, chéngqiáng, 202
clean, 乾淨, gān.jìng, 33
clearly, obviously, 明明, míngmíng, 38
close and cordial, 親切, qīnqiè, 238
close, inseparable, 緊密, jǐnmì, 162
clothing, 服裝, fúzhuāng, 101
coast, bank, 岸, àn, 228
cockroach, 蟑螂, zhāngláng, 34
cold water, 冷水, lěngshuǐ, 10
come from, 來自, laízì, 189
comfortable, 舒適, shūshì, 52
commerce, business, 商業, shāngyè, 132
committee, 委員會, wěiyuánhuì, 245
commodity price, 物價, wùjià, 117
common, 共同, gòngtóng, 190
common and available to everyone, 普及, pǔjí, 239
common language (Mandarin), 普通話, pǔtōnghuà, 236
common, widespread, universal, 普遍, pǔbiàn, 170
commonly practiced, 通行, tōngxíng, 236
communication, contact (between people), 交往, jiāowǎng, 231
Communist Party, 共產黨, gòngchǎndǎng, 141
company, 公司, gōngsī, 162
compatriot, fellow countryman, 同胞, tóngbāo, 156
competition; to compete, 競爭, jìngzhēng, 149
complicated, complex, 複雜, fùzá, 77
computer, 電腦, diànnǎo, 210
concept, 觀念, guānniàn, 67, 189
concerning, about, 關於, guānyú, 154
conditions, 情況, qíngkuàng, 68
confidence, 信心, xìnxīn, 156
conflict, 矛盾, máodùn, 39
confusion, chaos, 混亂, hùnluàn, 247
conservative, 保守, bǎoshǒu, 91
construction; to construct, 建設, jiànshè, 209
contradictory, 相反, xiāngfǎn, 141
contradictory, 矛盾, máodùn, 190
contrary to what one expects, 倒, dào, 34
convenient, 方便, fāngbiàn, 8
cook in soysauce and other spices, 紅燒, hóngshāo, 33
corruption, 貪污, tānwū, 224
country, nation, 國家, guójiā, 133
countryside, 鄉, xiāng, 60
county, 縣, xiàn, 236
couple (husband and wife), 夫婦, fūfù, 169
couple, husband and wife, 夫妻, fūqī, 177
couple, a pair, 一對儿, yíduìr, 91
(court) case, 案件, ànjiàn, 178
courtyard garden, 庭園, tíngyuán, 216
cowboy, 牛仔, niúzǎi, 203
credit card, 信用卡, xìnyòngkǎ, 18
crowded, 擠, jǐ, 52, 116
cucumber, 黃瓜, huáng.guā, 101
cultural relic, the products of a culture, 文物, wénwù, 202
Cultural Revolution, 文化大革命, wénhuà dàgémìng, 132
culture, 文化, wénhuà, 47
currency, 通貨, tōnghuò, 222
customs, 海關, hǎiguān, 1

D

daily life, 日常生活, rìchángshēnghuó, 109
daily necessities, 日用品, rìyòngpǐn, 101
dam, 壩, bà, 208
(day) breaks; to become light, 亮, liàng, 17
decoration, 裝飾, zhuāngshì, 216
deep, 深, shēn, 90
deeply in love with, 深愛, shēn'ài, 217
degree (of temperature), 度, dù, 99
democracy, 民主, mínzhǔ, 164
(it) depends, 得看, děikàn, 53
desert, 沙漠, shāmò, 216
developed, 發達, fādá, 237
dialect, 方言, fāngyán, 236
difference, 不同, bùtóng, 46
difficulties, 困難, kùn.nán, 121
diligent, 努力, nǔlì, 149
dining hall, 食堂, shítáng, 22
direction, 方向, fāngxiàng, 236
dirty, 髒, zāng, 34
disappointed, 失望, shīwàng, 203
discussion, to discuss, 討論, tǎolùn, 156
disease, 病, bìng, 33
disease, 疾病, jíbìng, 209
dish made of beancurd sauteed with red pepper, 麻婆豆腐, mápódòu.fǔ, 33

dishes, food eaten with rice, vegetables, 菜, cài, 23
distance, 距離, jùlí, 141
do not (a literary word often used in an imperative sentence), 勿, wù, 197
do one's best; use all of one's efforts, 盡力, jìnlì, 189
don't care, 不管, bùguǎn, 38
don't care either way, 無所謂, wúsuǒwèi, 34
(I) don't think so, 不以為然, bùyǐwéirán, 209
driver (as an occupation), 司機, sījī, 169
duck, 鴨, yā, 39
due to, 由於, yóuyú, 177
dusk, twilight, 傍晚, bāngwǎn, 100

E

each and every country, 各國, gèguó, 128
each and every profession, 各行各業, gèhánggèyè;, 169
each other, mutual, 彼此, bǐcǐ, 231
early morning, 清晨, qīngchén, 100
(early) morning, 早晨, zǎo.chén, 90
ears, 耳朵, ěr.duō, 156
economist, 經濟學家, jīngjìxuéjiā, 140
economy; economical, 經濟, jīngjì, 68
educated people, 讀書人, dúshūrén, 217
education, 教育, jiào.yù, 60, 116
educational background, 學歷, xuélì, 69
efficiency, 效率, xiào.lǜ, 129
egg, 蛋, dàn, 140
elderly man, 老先生, lǎoxiānsheng, 91
elderly woman, 老太太, lǎotàitài, 91
electric fan, 電扇, diànshàn, 9
electric lighting, 電燈, diàndēng, 9
electric power, 電力, diànlì, 208
electric power plant wattage, 發電量, fādiànliàng, 209
electrical appliances, 電器, diànqì, 223
element, factor, component, 成分, chéngfèn, 203
emperor, 皇帝, huángdì, 183
emphatic question word, 到底, dàodǐ, 76
end of the Ming Dynasty, 明末, Míngmò, 229
energy resources, 能源, néngyuán, 109
engineering, 工程, gōngchéng, 191
entire country, 全國, quánguó, 236
entire, whole, 全, quán, 109
environment, 環境, huánjìng, 53
equal, 平等, píngděng, 27
equipment, facilities, 設備, shè.bèi, 60
era, 紀元, jìyuán, 244
especially, 尤其, yóuqí, 101
Esperanto, 世界語, Shìjièyǔ, 245
even, 連, lián, 38
even, 還, hái, 39
even, 就是, jiùshì, 246
even if, 即使, jíshǐ, 189
even to the degree that, 甚至, shènzhì, 60
everywhere, 到處, dàochù, 196, 222
evident, clear, 明顯, míngxiǎn, 230
evident, notable, 顯著, xiǎnzhù, 141
example, 例子, lì.zi, 230
excellent quality at low prices, 價廉物美, jiàliánwùmeǐ, 38
except for; in addition to, 除了, chúle, 134
excessively, 過分, guòfèn, 247
excited, 興奮, xīngfèn, 2
excuse; pretext, 藉口, jièkǒu, 209
exercise, sports; to exercise, 運動, yùn.dòng, 91
exhibition; to exhibit, 展覽, zhǎnlǎn, 134
expand/expansion, 膨脹, péngzhàng, 223
expenses, 費, fèi, 163
experience, 經驗, jīngyàn, 84
experiences, 經歷, jīnglì, 132
exquisite, elegant, delicate, 精緻, jīngzhì, 216
extraordinary, 了不起, liǎobùqǐ, 245
extremely, 極, jí, 176

F

face, as in "to lose face", 面子, miàn.zi, 83
factory, 工廠, gōngchǎng, 162
fair, 公平, gōngpíng, 27
fake, artificial, 假, jiǎ, 217
false, 假, jiǎ, 155
family, 家庭, jiātíng, 169
famous, 出名, chūmíng, 108
famous, renowned, 著名, zhùmíng, 237
far and remote, 偏遠, piānyuǎn, 238
far, distant, 遠, yuǎn, 122
farmer, 農, nóng, 141

fast food , 速 食 , sùshí, 129
fast food , 快 餐 , kuàicān, 128
fast, rapid , 快 速 , kuaìsù, 115
fat, 肥 胖, féipàng, 183
fear, dread , 恐 懼 , kǒngjù, 163
fearful, terrifying , 可 怕 , kěpà, 132, 197
feeling; to feel, 感 覺 , gǎnjué, 100
fellow-townsman, someone from one's same town , 同 鄉 , tóngxiāng, 238
fellow-townsman, someone from one's same town , 老 鄉 , lǎoxiāng, 238
female, 女 性 , nǚxìng, 169
fertilizer, 肥 料 , féiliào, 209
fierce and intense , 激 烈 , jīliè, 117, 246
filled ("lived in" to capacity) , 住 滿 了 , zhùmǎn.le, 122
first, 先 , xiān, 76
(at) first, in the beginning, 起 先 , qǐxiān, 9
first-class quality, 一 流 , yīlíu, 191
(the) first, 最 初 , zuìchū, 141
first emperor of the Qin Dynasty (246 - 214 B.C.), 秦 始 皇 帝 , Qínshǐhuángdì, 244
the first time , 初 次 , chūcì, 237
fish, 魚 , yú, 33
flush toilet, 抽 水 馬 桶 , chōushuǐmǎtǒng, 53
fly, 蒼 蠅 , cāng.yíng, 34
food, 食 物 , shíwù, 148
food prepared in a large cauldron (the same as , 大 鍋 飯 , dàguōfàn, 149
food stand, 小 吃 攤 , xiǎochītān, 142
food, clothing, dwelling and transportation, 食 衣 住 行 , shíyīzhùxíng, 222
fool, 傻 子 , shǎ.zi, 84
for, 為 , wèi, 110, 163
for (a purpose), 為 了 , wèile, 8
for ..., 對 ...來 說 , duì ... láishuō, 162
for a long time, 很 久 , hěnjiǔ, 22
for example, 譬 如 , pìrú, 27
for instance , 比 方 說 , bǐ.fāngshuō, 46
foreign, 外 來 , wàilái, 91
foreign affairs office, 外 事 處 , wàishìchù, 1
foreign guests , 外 賓 , wàibīn, 84
foreign language, 外 語 , wàiyǔ, 91
foreign student advisor, 外 辦 , wàibàn, 23
foreigner (colloquial), 老 外 , lǎowài, 82
forever, always , 永 遠 , yǒngyuǎn, 248
fortunate, lucky , 幸 運 , xìng.yùn, 148
fortunately, 幸 虧 , xìngkuī, 8
fortunately, 好 在 , hǎozài, 10
foundation, basis, 基 礎 , jīchǔ, 237
fragrant, 香 , xiāng, 154
Fragrant Mountain, 香 山 , Xiāngshān, 195
freedom, free, 自 由 , zìyóu, 116, 150
freedom of speech, 言 論 自 由 , yánlùnzìyóu, 177
French fries, 薯 條 , shǔtiáo, 128
From Mainland China to Taiwan, 來 台 , láitái, 230
From the Cold Mountain Temple, outside Suzhou, 姑 蘇 城外 寒 山 寺 , Gūsūchéng waì Hánshānsì, 218
from then on, 從 此 以 後 , cóngcǐyǐhòu, 245
fruit, 水 果 , shuǐguǒ, 101
Fujian Province, 福 建 省 , Fújiànshěng, 229
function, ability, 功 能 , gōngnéng, 247
furthermore, moreover, 再 說 , zàishuō, 68
(in the) future, 將 來 , jiānglái, 39

G

garbage heap, 垃 圾 堆 , lājīduī, 101
gardens, park, 園 林 , yuánlín, 216
general, 一 般 , yìbān, 83
generally speaking, 一 般 來 說 , yìbānláishuō, 27
(the) general public, 老 百 姓 , lǎobǎixìng, 108
generation, 代 , daì, 185
government , 政 府 , zhèngfǔ, 149
government official, 官 員 , guānyuán, 230
government-operated, 國 營 , guóyíng, 82
graceful, exquisite, 優 美 , yōuměi, 218
gradually, 漸 漸 , jiànjiàn, 135
graduate school, 研 究 所 , yánjiūsǔo, 190
grandparents, 祖 父 母 , zǔfùmǔ, 183
greatly, 大 大 地 , dàdàde, 178
(the) Great Wall, 長 城 , Chángchéng, 195
green pepper , 青 椒 , qīngjiāo, 33
group of, 群 , qún, 83
guarantee; to guarantee , 保 證 , baǒzhèng, 149
Guizhou Province, 貴 州 , Guìzhōu, 216

H

had better, 最好, zuìhǎo, 53
Hainan, 海南, Haǐnán, 228
hall, 堂, táng, 134
hamburger, 漢堡包, hànbǎobāo, 128
Han Dynasty (206 B.C. - 219 A.D.), 漢朝, Hàncháo, 245
Han people, 漢人, Hànrén, 228
Hangzhou, 杭州, Hángzhōu, 196
Hanshan Temple; Temple of the Cold Hill, 寒山寺, Hánshānsì, 217
happiness and well-being; happy, 幸福, xìngfú, 148
happy, delighted, 愉快, yúkuài, 83
have gotten used to using, 用慣了, yòngguànle, 18
have V-ed before, 曾經, céngjīng, 215
head of an office, director, 主任, zhǔrèn, 121
healthy, 健康, jiànkāng, 53
heart disease, 心臟病, xīnzàngbìng, 34
heated, 熱烈, rèliè, 156
high class, first rate, 高級, gāojí, 128
high degree of, highly, 高度, gāodù, 132
high official, 大官, dàguān, 190
highway, 公路, gōnglù, 115
highway, expressway, 高速公路, gāosùgōnglù, 203
history, 歷史, lìshǐ, 168
holiday, 假日, jiàrì, 185
homeland, 家園, jiāyuán, 210
homonym, 同音字, tóngyīnzì, 247
honest, 老實, lǎo.shí, 154
honour, 光榮, guāngróng, 190
hotel, 旅館, lǚguǎn, 76
hour, 小時, xiǎoshí, 2
housing, 住房, zhùfáng, 162
how much, how many, 多少, duoduōshǎo, 67
however, 然而, ránér, 237
human rights, 人權, rénquán, 185
humid, damp, 潮濕, cháoshī, 100
hundred, 百, bǎi, 18
hurrying, 趕著, gǎnzhe, 92
husband, 先生, xiān.shēng, 169

I

ice cubes, 冰塊儿, bīngkuàir, 10
ice water, 冰水, bīngshuǐ, 9
ideal, 理想, lǐxiǎng, 237
if, 如果, rúguǒ, 109
immigrant; immigration; to immigrate, 移民, yímín, 229
Imperial Palace, 故宮, Gùgōng, 27
important, crucial, 重要, zhòngyào, 53
impression, 印象, yìn.xiàng, 59
improvement, 改進, gǎijìn, 208
in, 中, zhōng, 162
in fact, actually, 其實, qíshí, 9
in good order, neat, 整齊, zhěngqí, 202
in groups, 成群, chéngqún, 90
in large quantity, 大量, dàliàng, 115
in light of, 就, jiù, 244
in most cases, for the most part, 大多, dàduō, 109
in opposition to, hostile to, 敵對, díduì, 231
in your view, 在你看來, zàinǐkànlái, 52
income, 收入, shōurù, 28, 117
income, 所得, suǒdé, 142
indeed, 的確, díquè, 155, 210
indeed, 確實, quèshí, 223
indeed, 實在, shízài, 123
independent, 獨立, dúlì, 150
individual, 個人, gèrén, 67
indoor plumbing, 自來水, zìláishuǐ, 9
inevitable, 難免, nánmiǎn, 84
inexpensive, 便宜, pián.yí, 23
information, news, 消息, xiāoxí, 117
intellectual, 知識份子, zhī.shífènzǐ, 142
intellectual history, 思想史, sīxiǎngshǐ, 245
interesting, 有趣, yǒuqù, 39
interesting, 有意思, yǒuyìsi, 38
international, 國際, guójì, 1
irrigation, 灌溉, guàn'gài, 208
island, 島, dǎo, 228
"-ism", 主義, zhǔyì, 156
"-ize", 化, huà, 133
it, 它, tā, 92, 164
it is not a big problem, 問題不大, wèntíbúdà, 123
it is reported that..., (I) heard that..., 聽說, tīngshuō, 168
It is said that..., 據說, jùshūo, 67
it's not...but rather..., 不是...而是..., búshì...érshì..., 67

it's proper to..., 是應該的, shìyīnggāide, 84
itching to, how one wishes one could, 恨不得, hènbùdé, 184

J

Jiangsu Province, 江蘇, Jiāngsū, 214
joke, 笑話, xiào.huà, 171
just, merely, 光, guāng, 171
just, precisely, 正, zhèng, 129

K

kind, 善良, shànliáng, 155
kind, category, 類, leì, 117
KMT, 國民黨, Guómíndǎng, 230
knowledge, 知識, zhī.shí, 178

L

lake, 湖泊, húpō, 214
lamb meat, 羊肉, yángròu, 39
land, 土地, tǔdì, 236
land of plenty, 魚米之鄉, yúmǐzhīxiāng, 215
landscape, 景觀, jǐngguān, 208
landscape, scenery with mountains and water, 山水, shānshuǐ, 196
landscape, view, 景色, jǐngsè, 216
lane, alley (Beijing dialect), 胡同儿, hútòngr, 100
large quantities of, 大批, dàpī, 228
last years of a dynasty, 末年, mònián, 229
leader; to lead, 領導, lǐngdǎo, 169
legal, 合法, héfǎ, 75
leisurely and unhurried, 悠閒, yōuxián, 92
less than, 不到, búdào, 82
level, 水平, shuǐpíng, 148
liberation army, 解放軍, jiěfàngjūn, 155
life, 生活, shēnghuó, 53
lifetime, 一輩子, yíbèi.zi, 176
like this, in this way, 這樣, zhèyàng, 9
limited, restricted, finite, 有限, yǒuxiàn, 60
(literary) works, 作品, zuòpǐn, 177
literati, scholar, 文人, wénrén, 216
literature, 文學, wénxué, 177
little bridge and running water, 小橋流水, xiǎoqiáoliúshuǐ, 215
little fatty, 小胖子, xiǎopàngzi, 183
(living) conditions, 條件, tiáojiàn, 52
"loaf-of-bread car," a van, 麵包車, miànbāoche;, 2
loan; to lend or borrow money, 貸款, dàikuǎn, 163
local, 本地, běndì, 230
local dishes eaten as a snack, 小吃, xiǎochī, 101
location, 所在地, suǒzàidì, 237
loess, 黃土, huángtǔ, 214
lonely, 寂寞, jìmò, 176, 185
long, 長, cháng, 100
long vacation, 長假, chángjià, 195
long-distance, 長途, chángtú, 17
(it) looks, seems, 看起來, kàn.qǐlái, 22
Los Angeles, 洛杉磯, Luòshānjī, 236
(the) loss outweighs the gain, 得不償失, débùchángshī, 209
lousy, poor, bad, 差, chà, 23
lovable, 可愛, kě'ài, 100
love, 愛情, àiqíng, 176
low, 低, dī, 168
low grade, low quality, 低劣, dīliè, 197
(low-ranking) staff member, 辦事員, bànshìyuán, 169
luxurious enjoyment; to enjoy, 享受, xiǎngshòu, 128
luxurious, wasteful, 奢侈, shē.chǐ, 53

M

main, major, 主要, zhǔyào, 60
major shopping district in Beijing, 王府井, Wángfǔjǐng, 108
major, significant, 重大, zhòngdà, 244
(the) majority, 絕大部分, juédàbù.fèn, 155
man-made, artificial, 人工, réngōng, 216
many, 許多, xǔduō, 47
Mao (common family name), 毛, Máo, 134
marriage, 婚姻, hūnyīn, 116, 162
mass media, 大眾媒體, dàzhòngméitǐ, 238
master, host, 主人, zhǔrén, 170
material, 材料, cáiliào, 244

material , 物質 , wùzhì, 203
maybe, perhaps, 說不定 , shuōbudìng, 39
McDonald's, 麥當勞 , Màidāngláo, 128
meaning, 意思 , yì.sī, 67
meaningful, 有意義 , yǒuyì.yì, 149
means, method, 手段 , shǒuduàn, 191
measure word for a period of time, 段 , duàn, 185
measure word for buildings, 幢 , zhuàng , 109
measure word for family members, 口 , kǒu, 109
measure word for fish, 條 , tiáo, 33
measure word for the number of times traveled, 趟 , tàng, 195
measure word for songs and poems, 首 , shǒu, 217
measure word for vechicle, 部 , bù, 2
measure word for 話, 句 , jù, 132
(medical) insurance, 保險 , bǎoxiǎn, 162
medical treatment , 醫療 , yīliáo, 163
men and women, 男女 , nánnǚ, 46
mentality, 心理 , xīnlǐ, 191
middle-aged and elderly people, 中老年人 , zhōnglǎoniánrén, 90
midterm exam, 期中考 , qīzhōngkǎo, 195
million , 百萬 , bǎiwàn, 92, 210
Ming Dynasty, 明朝 , Míngcháo, 229
Ming Tombs, 明陵 , Mínglíng, 195
mini, small-size, 小型 , xiǎoxíng, 116
Minnan dialiect, 閩南話 , Mǐnnánhuà, 229
mistakes; erroneous, 錯誤 , cuò.wù, 47
modern times, 近代 , jìndài, 245
modernize, 現代化 , xiàndàihuà, 202
mood, 情緒 , qíngxù, 53
morals, ethics, 道德 , dàodé, 60
more and more, 越來越 , yuèláiyuè, 143
more than , 不止 , bùzhǐ, 83
morning exercise, 早操 , zǎocāo, 100
mosquito, 蚊子 , wén.zi, 100
most basic, 起碼 , qǐmǎ, 52
movie , 電影 , diànyǐng, 91
Mr., 先生 , xiān.shēng, 2
muddleheaded; without thinking carefully, 糊裡糊塗 , húlǐhútú, 84
museum, 博物館 , bówùgǔan, 28
music, 音樂 , yīnyuè, 191
musician, 音樂家 , yīnyuèjiā, 191
must, 一定 , yídìng, 8
must, to have to, 必須 , bìxū, 17
mutual communication and exchange, 交流 , jiāoliú, 231

N

name, 姓名 , xìngmíng, 237
national affairs, 國家大事 , guójiādàshì, 116
national language (Mandarin), 國語 , guóyǔ, 236
natural, 自然 , zìrán, 208
natural habitat, 生態 , shēngtài, 209
nature, 大自然 , dàzìrán, 217
nearby, in the vicinity of, 附近 , fùjìn, 82
need not, 用不著 , yòngbùzháo, 9
need not, 不必 , búbì, 76
nervous, 緊張 , jǐnzhāng, 9
never before , 從來 , cónglái, 2
never, absolutely not, 絕不 , juébù, 168
next door, 隔壁 , gébì, 121
next to, inferior to, 次於 , cìyú, 141
night market, 夜市 , yèshì, 101
no matter , 無論 , wúluǹ, 59, 222
no wonder, 難怪 , nán'guaì, 191
noodle, 麵 , miàn, 38
normal, 正常 , zhèngcháng, 76
North Sea Park, 北海 , Běihǎi, 195
Northern dialect, 北方話 , běifānghuà, 237
not able to eat, 吃不到 , chībúdào, 60
not anymore, 不再 , búzài, 177
not as good as, inferior to, 不如 , bùrú, 23
not in the least; not at all, 毫不 , háobù, 116
not necessarily, 不見得 , bújiàndé, 178
not only, 不僅僅 , bùjǐnjǐn, 215
not only...but also, 既...又..., jì...yòu..., 224
not only...but...also, 既...也 , jì...yě, 177
note, 條子 , tiáo.zi, 122
novel, original (of experience); fresh, 新鮮 , xīn.xiān, 2
number of people , 人數 , rénshù, 178
numerous, 無數 , wúshù, 215
nutrition , 營養 , yíngyǎng, 34

O

object, target, 對象 , duìxiàng, 216

objective, 客觀, kèguān, 248
obvious, 明顯, míngxiǎn, 214
obviously, clearly, 顯然, xiǎnrán, 60
occasion, 場合, chǎnghé, 83
occasionally, 偶爾, oǔ' eř, 46
office, 辦公室, bàngōngshì, 121
(an) official, 官員, guānyuán, 189
often, 往往, wǎngwǎng, 143
often, constantly, 時時, shíshí, 84
often, frequently, 經常, jīngcháng, 99
Oh, 噢, òu, 122
old saying, 古話, gǔhuà, 189
old, ancient, 古老, gǔlǎo, 202
omnipotent, all-mighty, 無所不能, wúsuǒbùnéng, 184
on the contrary, instead, 反而, fǎn'ér, 75
one side, one aspect, 一面, yímiàn, 100
one step further, 進一步, jìnyíbù, 135
one's native land, 鄉土, xiāngtǔ, 237
only, 僅, jǐn, 141
only, 唯一, wéiyī, 183
only-child, 獨生子女, dúshēngzǐnǚ, 183
open, 開放, kāifàng, 224
open-air, outdoor, 露天, lùtiān, 101
open-minded, 開明, kāimíng, 156
opinion, 意見, yìjiàn, 116
opinion on public affairs, 言論, yánlùn, 116
opinion; to advocate, 主張, zhǔzhāng, 237
opportunity, 機會, jī.huì, 23
oppression, persecution; to oppress, 迫害, pò.hài, 142
oppression; to oppress, 壓迫, yāpò, 168
optimistic, 樂觀, lèguān, 210
orange juice, 橘子水儿, jú.zishuǐr, 128
organization, 組織, zǔzhī, 162
origin, 本源, běnyuán, 244
originally, 原來, yuánlái, 75
other, 其他, qítā, 61
(the) other party, 對方, duìfāng, 236
other places, 別處, biéchù, 214
otherwise, 不然, bùrán, 8
outdoorsy, natural beauty, 野趣, yěqù, 216
over the past several thousand years, 幾千年來, jǐqiānniánlái, 246
over-weight, 過重, guòzhòng, 183

P

painful, 痛苦, tòngkǔ, 176
paintings, 畫, huà, 196
paradise, 天堂, tiāntáng, 214
parents, 父母, fùmǔ, 9
park, 公園, gōngyuán, 46
past, 過去, guòqù, 132, 223
peach, 桃子, táozi, 101
peddler, street vendor, 小販, xiǎofàn, 82
Peking Opera, 京戲, jīngxì, 203
penetrate deep into, 深入, shēnrù, 238
people of ancient times, 古人, gǔrén, 210
People's Daily, 人民日報, Rénmínrìbaò, 117
People's Republic of China, 中華人民共和國, ZhōnghuáRénmín Gònghéguó, 231
perfect, 完好, wánhǎo, 215
perpetual; forever, 永久, yǒngjiǔ, 209
person, 者, zhě, 156
personages, 人士, rénshì, 230
personal affairs, 私事, sīshì, 69
phenomenon, 現象, xiàn.xiàng, 148
piano, 鋼琴, gāngqín, 184
pitiful, poor, 可憐, kělián, 195
(it's a)pity that..., 可惜, kěxī, 23
place, 地方, dìfāng, 162
place, 地點, dìdiǎn, 121
place other than one's hometown, 外地, waìdì, 237
places for sightseeing, 觀光區, guān'guāngqū, 218
plan, proposal, 方案, fāng'àn, 246
plastic, 塑料, sùliào, 197
plastic bag, 塑料袋, sùliàodài, 218
plateau, 高原, gāoyuán, 214
pleasantly cool (of weather), 涼快, liáng.kuài, 99
pleasure, 樂趣, lèqù, 185
poet, 詩人, shīrén, 216
poetic flavor, 詩意, shīyì, 215
policy, 政策, zhèngcè, 183
polite remarks, 客套話, kètaòhuà, 117
pollution, contamination; to pollute, 污染, wūrǎn, 109
poor, 窮, qíong, 27
poor, 窮困, qióngkùn, 189
popular, 大衆化, dàzhònghuà, 128
population, 人口, rénkǒu, 60, 183
position, stand, 立場, lìchǎng, 231

possible; possibilities, 可能, kěnéng, 122
power, 權力, quánlì, 190
power, 勢力, shì.lì, 140
prairie, 草原, cǎoyuán, 216
precious, treasured child, 寶貝, bǎobeì, 184
preferential treatment, 優待, yōudài, 84
prejudice, bias, 偏見, pīanjiàn, 154
(at) present, 目前, mùqián, 116, 140
pressure, 壓力, yālì, 163, 184, 223
price, 價錢, jià.qián, 23
price, cost (of an action), 代價, dàijià, 164
primitive, 原始, yuánshǐ, 209
principle, 原則, yuánzé, 133
priority, 優先, yōuxiān, 133
privacy, 隱私, yǐnsī, 67
private, individual, 私人, sīrén, 102
privilege, 特權, tèquán, 76
probably, 大概, dàgài, 92
products, 物產, wùchǎn, 214
profession, 行業, hángyè, 115
professor, 教授, jiàoshòu, 142
progress, improvement; to improve, 進步, jìnbù, 149
project, 工程, gōngchéng, 210
promote, 推行, tuīxíng, 183
proof; to prove, 證明, zhèngmíng, 168, 223
proper, accurate, 正確, zhèngquè, 155
prostitute, 妓女, jìnǚ, 224
protection, security, 保障, bǎozhàng, 149
province, 省, shěng, 214
public, 公開, gōngkāi, 69
public, 公共, gōnggòng, 8
public bus, 公共汽車, gōnggòngqìchē, 59
public safefty, public security, 社會治安, shèhuìzhì'ān, 117
purpose, 目的, mùdì, 191

Q

Qing Dynasty, 清朝, Qīngcháo, 229
quality, 質量, zhìliàng, 197, 203

R

race, 種族, zhǒngzú, 155
radical, 激進, jījìn, 246
radio broadcast, 廣播, guǎngbō, 238
rapidly, 快速, kuàisù, 102
rare, 少見, shǎojiàn, 177
rare, scarce, uncommon, 稀奇, xīqí, 170
ready-made clothes, 成衣, chéngyī, 142
real, 實際, shíjì, 155
realistic, practical, 實際, shíjì, 191
reason, 理由, lǐyóu, 84
reason, 道理, dào.lǐ, 171
reason, 原因, yuányīn, 178
reasonable, 講理, jiǎnglǐ, 154
reasonable, 合理, hélǐ, 53
refrigerator, 電冰箱, diànbīngxiāng, 223
related, connected, 相干, xiānggān, 67
relations, connections, 關係, guān.xì, 17
relatively speaking, 相對來說, xiāngduìláishuō, 77
relatively; rather, 比較, bǐjiào, 10
reliable, dependable, 可靠, kěkào, 244
relics, historical sites;, 古蹟, gǔjī, 134
religious belief, 信仰, xìnyǎng, 177
repeatedly, 一再, yízài, 9
request, 要求, yāo.qíu, 52
reservoir, 水庫, shuǐkù, 208
residents, 居民, jūmín, 230
restaurant, 餐廳, cāntīng, 59
restaurant, 館子, guǎnzi, 38
restroom, lavatory, 廁所, cèsuǒ, 8
result; as a result, 結果, jiéguǒ, 59
rice paddy field, 稻田, dàotián, 214
rights, 權利, quánlì, 67
river, 河流, héliú, 214
river basin; valley, 流域, liúyù, 208
River maples, fishermen's flares, and troubled sleep, 江楓漁火對愁眠, jiāngfēng yúhuǒ duìchóumián, 218
RMB, 人民幣, rénmínbì, 18
road; way, 道路, dàolù, 217
roadside, 路邊, lùbiān, 82
rule, regulation, 規定, guīdìng, 75

S

safe, 安全, ānquán, 18
same, 同一, tóngyī, 68
same, 一致, yízhì, 237
same, identical, 相同, xiāngtóng, 69

sanitation , 衛生 , wèishēng, 34
satire, 諷刺 , fěngcì, 218
schedule, a time table, 時間表 , shíjiānbiǎo, 92
scenery , 風景 , fēngjǐng, 196
scenic spots, 名勝 , míngshèng, 134
scholarship , 獎學金 , jiǎngxuéjīn, 28
school buildings, 校舍 , xiàoshè, 22
science, 科學 , kēxué, 209, 245
science and technology , 科技 , kējì, 238
scope, 規模 , guīmó, 245
sea of people, 人山人海 , rénshānrénhǎi, 196
second half, 後半 , hoùbàn, 229
(The) Second World War, 第二次世界大戰 , Dì'èrcìshìjiè dàzhàn, 230
secret, 秘密 , mìmì, 68
secretary , 秘書 , mìshū, 169
sections of city close to the city wall, 牆邊, qiángbiān, 202
(it) seems, 似乎 , sìhū, 84
(it) seems like..., 像...似的 , xiàng...shìde, 92
self-employed people , 個體户 , gètǐhù, 101
semester , 學期 , xuéqī, 154
serious, severe (of a situation, illness, etc.), 嚴重 , yánzhòng, 109, 223
service personnel, 服務員 , fúwùyuán, 129
set of (rules, conventions, etc.), 套 , tào, 77
severe (of a situation), 厲害 , lì.hài, 168
shameful, disgraceful, 可恥 , kěchǐ, 75
Shanghai, 上海 , Shànghǎi, 222
shipping, to transport, 運輸 , yùnshū, 217
short, 短 , duǎn, 102
short cut, 捷徑 , jiéjìng, 190
siblings, 兄弟姐妹 , xiōngdìjiěmeì, 185
Sichuan, 四川 , Sìchuān, 33
sidewalk, 街邊 , jiēbiān, 100
signboard (to attract customers), 招牌 , zhāo.pái, 39
significance, meaning, 意義 , yì.yì, 247
simple, uncomplicated , 單純 , dānchún, 68
simplified characters, 簡化字 , jiǎnhuàzì, 248
simplified, economical, 簡省 , jiǎnshěng, 247
simply (too), 簡直 , jiǎnzhí, 52
simply; nothing but, 無非 , wúfēi, 217
since, 從...以來 , cóng...yǐlái, 140
since it is the case that, 既然 , jìrán, 53
Singapore, 新加坡 , Xīnjīapō, 38
Sino-Japanese War (1894-1895), 中日戰爭 , Zhōngrì Zhànzhēng, 229
situation, 情形 , qíng.xíng, 18
sleepy, 睏 , kùn, 122
slogan, 口號 , kǒuhào, 141
slogan, poster, 標語 , biāoyǔ, 197
smell, odor, 味儿 , wèir, 123
smell, taste, flavor, 味道 , wèi.dào, 122
smile , 笑容 , xiàoróng, 129
smooth, without a hitch , 順利 , shùnlì, 1
snack, refreshments, 點心 , diǎnxīn, 196
so-called, 所謂 , suǒwei, 215
social common practices , 社會風氣 , shèhuìfēng.qì, 135
(social) class, 階級 , jiējí, 142
social connections, 社會關係 , shèhuìguān.xì, 75
society, 社會 , shèhuì, 68
soldier, 兵 , bīng, 141
soon (will be), 快 , kuài, 195
soon after, shortly afterward, 不久以後 , bùjiǔyǐhòu, 134
sound of laughter, 哈 , hā, 116
sound of water, 水聲 , shuǐshēng, 90
(the) South (referring to the area south of the Yangzi River), 南方 , Nánfāng, 196
the Southern Song Dynasty (1127-1279), 南宋 , nánSòng, 215
south of the lower reaches of the Yangtze River, 江南 , Jiāngnán, 215
southeast, 東南 , dōngnán, 228
southern region, 南部 , nánbù, 237
souvenir , 紀念品 , jì'niànpǐn, 197
space (in the sense of dimension), 空間 , kōngjiān, 109
special, 特別 , tèbié, 17
special privilege, priority, 優先權 , yōuxiānquán, 84
specialized, 專門 , zhuānmén, 245
specific, individual, rare, 個別 , gèbié, 247
spicy-hot, 辣 , là, 33
spirit and mind, 精神 , jīng.shén, 203
stall vendor, street peddler, 攤販 , tānfàn, 102
standard, 標準 , biāozhǔn, 53
station, 站 , zhàn, 202
status, position , 地位 , dì.wèi, 148
sticky and muggy (of weather), 悶熱 , mēnrè, 100

stimulating, exciting, 刺激, cì.jī, 150
stingy, 小氣, xiǎo.qì, 28
stinking, smelly, 臭, chòu, 123
store, 商場, shāngchǎng, 82
store, 店, diàn, 128
story, 故事, gù.shì, 171
straits, 海峽, haǐxiá, 228
street-side stand, 小攤儿, xiǎotānr, 148
streets and roads in a city, 街道, jiēdào, 90
strenuous, fierce, 劇烈, jùliè, 230
strict, 嚴格, yángé, 183
strokes, 筆劃, bǐhuà, 247
structure, construction, 結構, jiégòu, 177
student studying abroad; foreign student, 留學生, liúxuéshēng, 23
stupid, 笨, bèn, 75
subjective, 主觀, zhǔguān, 247
subway, 地鐵, dìtiě, 61
success; to succeed, 成功, chénggōng, 141
such as, 像, xiàng, 195
such as (literary), 如, rú, 247
summer, 夏天, xìatiān, 99
Summer Palace, 頤和園, Yíhéyuán, 195
summer vacation, 暑假, shǔjià, 208
sunny day, 晴天, qíngtiān, 99
super person, 超人, chāorén, 184
superficially, on the surface, 表面上, biǎomiànshàng, 190
support; to support, 支持, zhīchí, 142
Suzhou, 蘇州, Sūzhōu, 196
system, 制度, zhìdù, 68, 189
system (of rules), 體制, tǐzhì, 102

T

Taiwan, 台灣, Táiwān, 38, 228
tall buildings, 高樓, gāolóu, 202
Tang Dynasty, 唐朝, Tángcháo, 217
tape recorder, 錄音機, lùyīnjī, 91
taxi, 出租汽車, chūzūqìchē, 115
tea leaves, 茶葉, chá.yè, 140
teaching material, 教材, jiàocái, 154
technology, 技術, jìshù, 209
telephone switchboard, 總機, zǒngjī, 17
television set, 電視機, diànshìjī, 223
temple, 寺廟, sìmiào, 215
10%, 百分之十, bǎifēnzhīshí, 223
tendency, 傾向, qīngxiàng, 218
textbooks, 教科書, jiàokēshū, 155
The setting moon, a cawing crow, the frost-filled sky, 月落烏啼霜滿天, yuèluò wūtíshuāng mǎntiān, 218
The Three Gorges, 三峽, Sānxiá, 208
The tolling of the midnight bell reachers the wanderer's boat, 夜半鐘聲到客船, yèbàn zhōngshēngdaò kèchuán, 218
then; at that time, 當時, dāngshí, 246
There is no profession that is superior to being a scholar, 萬般皆下品唯有讀書高, wànbānjiēxiàpǐn, wéiyǒudúshūgāo, 189
therefore, 因此, yīncǐ, 238
thermos bottle, 熱水瓶, rèshuǐpíng, 9
these few days, 這幾天, zhèjǐtiān, 121
thin, 淡薄, dànbó, 238
this (literary), 此, cǐ, 76
thousands and thousands, very many, 成千上萬, chéngqiān shàngwàn, 148
thunderstorm, 雷陣雨, léizhènyǔ, 99
thus (literary), 而, ér, 239
ticket, 票, piào, 76
tight, 緊, jǐn, 47
tightly closed, 封閉, fēngbì, 224
tile (here: roof tiles), 瓦, wǎ, 22
time, 日子, rì.zi, 99
time lag, time difference, 時差, shíchā, 17
time period, 期間, qījiān, 178
-times,-folds, 倍, bèi, 27
to (someone), 對, duì, 27
to abide by the law, 守法, shǒufǎ, 155
to abolish, to repeal, 廢除, fèichú, 246
to accept, 接受, jiēshòu, 91
to adapt, 適應, shì.yìng, 222
to adopt (a child), 收養, shōuyǎng, 69
to advocate, to promote, 提倡, tíchàng, 245
to agree with, 同意, tóngyì, 53
to alphabetize, 拉丁化, Lādīnghuà, 246
to amalgamate, 合併, hébìng, 247
to apologize, 道歉, dàoqiàn, 83
to appear, reveal, 顯出, xiǎnchū, 92
to appear, to emerge, 出現, chūxiàn, 115, 148
to argue (for justice), 理論, lǐlùn, 84
to arrange, to make arrangements for, 安排, ānpái, 92
to arrive at, to come to, 來到, láidào, 195
to ask each other, 互問, hùwèn, 237
to assign, 分配, fēnpèi, 122

to associate with, 聯想, liánxiǎng, 196
to attract, to draw, 吸引, xīyǐn, 129
to augment, increase, 加大, jiādà, 141
to B because of A, 為A而B, wèi...ér..., 163
to bake, to roast, 烤, kǎo, 39
to be afraid of, 怕, pà, 170
to be an exception, 例外, lìwài, 133
to be angry, 氣, qì, 82
to be awakened by some noise, 吵醒, chǎoxǐng, 90
to be behind schedule (said of train, airplane or bus), 誤點, wùdiǎn, 2
to be behind; underdeveloped, 落後, luòhòu, 9
to be concerned about, 關心, guānxīn, 68
to be equal to, 等於, děngyú, 209
to be filled with guests, no vacancies, 客滿, kèmǎn, 155
to be fooled, 上當, shàngdàng, 82
to be fooled, to be deceived, 受騙, shòupiàn, 83
to be forced to, 被迫, bèipò, 178
to be in accord with, to conform to, 符合, fúhé, 246
to be in fashion, 流行, liúxíng, 132
to be nosy, 好管閒事, hàoguǎnxiánshì, 69
to be obedient to parents; to show filial piety towards one's parents, 孝順, xiào.shùn, 46
to be satisfied, 滿意, mǎnyì, 117, 245
to be sick of, to be fed up with, 厭煩, yànfán, 100
to be situated in, 處在, chǔzài, 231
to be talented, 有天份, yǒutiānfèn, 191
to be unable to afford to pay the bill, 付不起, fùbùqǐ, 163
to be unable to fall asleep, 睡不著覺, shuìbùzháojiào, 163
to be unable to stand (something), 受不了, shòubùliǎo, 123
to be untenable, 站不住, zhànbúzhù, 248
to be used as, 用作, yòngzuò, 168
to be willing to, 願意, yuàn.yì, 18
to be worthwhile, 值得, zhí.dé, 203
to be; as(literary), 為, wéi, 178
to begin, 開始, kāishǐ, 177
to believe, 相信, xiāngxìn, 28
to believe, to think, to consider, 認為, rènwéi, 129
to belong to, 屬於, shǔyú, 229
to bind the feet, 纏足, chánzú, 168
to blame, 怪, guài, 83
to break, 打破, dǎpò, 141
to bring along, to carry with, 帶, dài, 8
to build, 蓋, gaì, 222
to build, to construct, 建, jiàn, 222
to care about, 關懷, guānhuái, 184
to carry on one's person, 隨身, suíshēn, 8
to cause, 使, shǐ, 47
to cause change, 起變化, qǐbiànhuà, 177
to cause to happen, to result in, 造成, zàochéng, 109, 230
to cede (territory), 割讓, gēràng, 229
to change into, to become, 變得, biàn.dé, 75
to change, to replace, 換, huàn, 18
to change; change, 改變, gǎibiàn, 222
to chat, 聊天, liáotiān, 116
to chat, 閒聊, xiánliáo, 185
to check in, to report one's arrival, 報到, bàodào, 17
to clean; clean, 清潔, qīngjié, 169
to close, 關, guān, 123
to coerce, to force, 強迫, qiángpò, 185
to collect, 收, shōu, 134
to come to realize, 認識到, rèn.shídaò, 149
to commemorate, 紀念, jìniàn, 134
to compete, competition, 競爭, jìngzhēng, 117
to complain, 抱怨, bào.yuàn, 52
to complete the construction, 築成, zhùchéng, 208
to complicate, 繁化, fánhuà, 246
to comprehend, 了解, liǎojiě, 69
to comprehend, 理解, lǐjiě, 76
to comprehend intuitively from personal experience, 體會, tǐhuì, 133, 163
to conduct, to carry out, 進行, jìnxíng, 245
to conflict, 衝突, chōng.tū, 203
to consider, consideration, 考慮, kǎolû, 134, 191
to consider important, 重視, zhòng.shì, 142
to consider, to deem, 算, suàn, 148
to continue, 繼續, jìxù, 190
to control, 控制, kòng.zhì, 170, 185
to converse, to chat, 談話, tánhuà, 68
to cook (meals), 煮飯, zhǔfàn, 170
to cooperate, 合作, hézuò, 184

to correspond to, to be equivalent to, 相當, xiāngdāng, 67
to create, 創造, chuàngzào, 149
to create income or profit, 創收, chuàngshōu, 133
to criticize, 批評, pī.píng, 46
to cultivate, 培養, péiyǎng, 184
to cultivate (waste land), 開墾, kāikěn, 229
to dance, 跳舞, tiàowǔ, 91
to dance disco dancing, 跳迪斯科, tiàodísīkē, 91
to dare to, 敢於, gǎnyú, 156
to deceive, to cheat, 騙, piàn, 84
to decline, to drop, to go down, 下降, xiàjiàng, 178
to defeat, to beat, 打敗, dǎbài, 229
to deny, to negate, 否定, fǒudìng, 247
to depend on, to rely on, 靠, kào, 28
to depict, to display, 表現, biǎoxiàn, 247
to deposit money in a bank, 存錢, cúnqián, 59
to develop, 發揮, fāhuī, 191
to develop, development, 發展, fāzhǎn, 115, 140
to differentiate, 辨異, biànyì, 247
to discharge, to fire, to lay off, 解雇, jiěgù, 163
to discover, 發現, fāxiàn, 34
to discuss, 討論, taǒlùn, 117
to disseminate, 傳播, chuánbō, 238
to divorce, 離婚, líhūn, 69
to do business, 做買賣, zuòmǎi.mài, 133
to do drugs, 吸毒, xīdú, 223
to do free exercises, gymnastics, 做體操, zuòtǐcāo, 90
to do further analysis; research, 研究, yánjiū, 123
to do housework, 做家務, zuòjiāwù, 170
to do taijiquan (Tai Chi, Chinese shadow boxing), 打太極拳, dǎtàijíquán, 90
to do...successfully, 辦成, bànchéng, 76
to doubt, to suspect, 懷疑, huáiyí, 82, 134
to doze off, 打瞌睡, dǎkē.shuì, 122
to draw, to attract, 引起, yǐnqǐ, 140
to dream, 做夢, zuòmèng, 209
to drink, 喝, hē, 9
to drive a car, 開車, kāichē, 2
to earn money, 賺錢, zhuànqián, 67
to effect, to influence, 影響, yǐngxiǎng, 53
to elevate, 提高, tígāo, 135
to eliminate (through selection or competition), 淘汰, táotài, 248
to embrace, 擁抱, yōngbào, 46
to embrace, to hold, 抱, bào, 47
to emphasize, to speak, 講, jiǎng, 34
to emphasize, to value hightly, 重視, zhòngshì, 189
to end, 結束, jiéshù, 132
to enter school, 入學, rùxué, 190
to establish, 建立, jiànlì, 229, 236
to establish, 成立, chénglì, 231
to exaggerate, 誇大, kuādà, 47
to exchange, 換, huàn, 121
to exercise, 鍛鍊, duànliàn, 90
to explain, 解釋, jiěshì, 69
to express, 發表, fābiǎo, 116
to express, to convey, 表達, biǎodá, 238
to express, to indicate, 表示, biǎoshì, 68
to feel disgust, 惡心, ě.xīn, 34
to feel, to come to realize, 感到, gǎndào, 133, 190
to forget, 忘, wàng, 132
to form a line, to line up, 排隊, páiduì, 59
to form, to take shape, 形成, xíngchéng, 102
to fry, 炸, zhá, 128
to fuss about, to be too particular about, 計較, jì.jiào, 83
to get (a disease), 得, dé, 34
to get a divorce, 離婚, líhūn, 176
to get along, 相處, xiāngchǔ, 184
to get in by the back door, 走後門, zǒuhòumén, 75
to get into a car, 上車, shàngchē, 59
to get sick, 生病, shēngbìng, 163
to get something done, 辦得通, bàndetōng, 76
to get used to, to be accustomed to, 習慣, xíguàn, 18
to give in sufficient amount, 給足, gěizú, 83
to give someone a gift, 送禮, sònglǐ, 77
to give up one's seat, 讓位, ràngwèi, 84
to go abroad, 出國, chūguó, 162, 190
to go hunting, 打獵, dǎliè, 210
to go sightseeing, 遊覽, yóulǎn, 214
to go to and get off work, 上下班, shàngxiàbān, 109
to go to the restroom, 上廁所, shàngcèsuǒ, 8
to go to work, 上班, shàngbān, 92

to grow , 成 長 , chéngzhǎng, 102
to grow up, 長 大 , zhǎngdà, 184
to hand to, to give to, 交 給 , jiāogěi, 170
to handle business, 辦 事 , bànshì, 75
to handle, to deal with, 處 理 , chǔlǐ, 170
to have a bowel movement, 大 便 , dàbiàn, 59
to have a problem (arise), 出 問 題 , chūwèntí, 8
to have become, 成 了 , chéngle, 60
to have both advantages and disadvantages, 有 一 利, 必 有 一 弊 , yǒuyílì, bìyǒuyíbì, 210
to have contact with, 來 往 , laíwǎng, 228
to have diarrhea , 拉 肚 子 , lādù.zi, 122
to have, to possess, 帶 著 , dàizhe, 215
to help, 幫 忙 , bāngmáng , 18
to hinder, to impede, 阻 礙 , zǔ'ài, 245
to hold the post of, to take charge of, 擔 任, dānrèn, 169
to hope; a hope, 希 望 , xīwàng, 121
to host, to preside; to direct, 主 持 , zhǔchí, 189
to imagine, to fancy, 想 像 , xiǎngxiàng, 9
to improve , 改 善 , gǎishàn, 142, 191
to increase , 增 加 , zēngjiā, 142, 183
to increase (pressure), 加 重 , jīazhòng, 223
to increase, to augment, 增 高 , zēnggāo, 178
to indicate, 顯 示 , xiǎnshì, 183
to initiate, 發 起 , fāqǐ, 244
to insist, 堅 持 , jiānchí, 83
to insult, to humiliate , 侮 辱 , wǔrǔ, 154
to interfere, 干 涉 , gānshè, 185
to intone; to sing, 歌 詠 , gēyǒng, 216
to introduce , 介 紹 , jìeshaò, 154
to jog, 跑 步 , pǎobù, 90
to judge and decide, 判 斷 , pànduàn, 156
to jump into the sea, here: to do business , 下 海 , xiàhǎi, 142
to kill people, 殺 人 , shārén, 108
to kill the hen to get the eggs , 殺 雞 取 卵 , shājīqǔluǎn, 133
to kill, to butcher, (here) to swindle, 宰 , zǎi, 133
to kiss (each other) , 接 吻 , jiēwěn, 47
to lack, to be short of, 缺 乏 , quēfá, 149
to land (an airplane) , 降 落 , jiàngluò, 1
to laugh at, 笑 , xiào, 75
to leave, 離 開 , líkāi, 129
to lie down, 躺 , tǎng, 17
to limit, to restrict , 限 制 , xiànzhì, 163
to live (a life), 過 , guò, 109
to live (everyday) life , 過 日 子 , guòrìzi, 28
to live a life, 過 生 活 , guòshēnghuó, 203
to live apart (said of a couple) , 分 居 , fēnjū, 178
to live, to pass (time), 過 , guò, 176
to look down on, 看 不 起 , kànbuqǐ, 148
to look for , 找 , zhǎo, 1
to lose, 失 去 , shīqù, 163
to lose one's job, to be unemployed, 失 業 , shīyè, 190
to love, 愛 , ài, 92
to maintain, to keep , 保 持 , bǎochí, 68
to maintain, to keep up, 維 持 , wéichí, 117, 176
to make, 搞 , gǎo, 223
to make a fuss; to be noisy, 吵 , chǎo, 155
to make a phone call, 打 電 話 , dǎdiànhuà, 17
to make friends , 交 朋 友 , jiāopéng.yǒu, 23
to make someone; to cause someone, 令 人 , lìngrén, 208
to make, to cause, 讓 , ràng, 2
to massacre, to slaughter, 屠 殺 , túshā, 230
to meet; to see each other, 見 面 , jiànmiàn, 23
to mention, 提 , tí, 224
to mislead , 誤 導 , wùdǎo, 156
to move, 搬 , bān, 123
to move away; to change residence, 遷 離 , qiānlí, 210
to move to, 遷 , qiān, 231
to murder, 謀 殺 , móushā, 223
to need, 需 要 , xūyào, 77
to observe, to inspect, 觀 察 , guānchá, 168
to one's surprise, unexpectedly, 竟 然 , jìngrán, 196
to open up, 打 開 , dǎkāi, 122
to open up (for regulations, thoughts, concepts, etc.), 開 放 , kāifàng, 132
to oppose, 反 對 , fǎnduì, 248
to order dishes, 叫 菜 , jiàocài, 33
to park a car, 停 車 , tíngchē, 61
to pass (an exam), 通 過 , tōngguò, 189
to pass by or through, 經 過 , jīngguò, 100
to pass through, 通 過 , tōngguò, 1
to paste, 貼 , tiē, 122
to pay, 付 , fù, 28

to peddle (goods) , 兜 售 , dōushòu, 196
to permanently settle down in one place, 定 居 , dìngjū, 229
to permit , 允 許 , yǔnxǔ, 156
to personally experience , 體 驗 , tǐyàn, 53
to place oneself in, to be situated, 處 於 , chǔyú, 142
to play chess, 下 棋 , xiàqí, 100
to play music (tapes,records) , 放 音 樂 , fàngyīnyuè, 91
to play tennis , 打 網 球 , dǎwǎngqíu, 184
to point out , 指 出 , zhǐchū, 116
to ponder, to contemplate, 思 考 , sīkǎo, 156
to preserve , 保 存 , bǎocún, 202
to produce, to give rise to, 產 生 , chǎnshēng, 154
to progress gradually, 演 進 , yǎnjìn, 245
to provide, 提 供 , tígōng, 115, 163
to publish , 出 版 , chūbǎn, 177
to pursue, 追 求 , zhuīqiú, 149
to pursue (a profession), 從 事 , cóngshì, 169
to pursue higher education, 深 造 , shēnzào, 190
to put out, 擺 , bǎi, 142
to rain, 下 雨 , xiàyǔ, 99
to rape, 強 姦 , qiángjiān, 108
to receive, 受 到 , shòudào, 27
to receive, to get (pay, prize, etc.), 領 , lǐng, 170
to recite, 背 誦 , bèisòng, 217
to reconstruct, to remodel , 改 建 , gǎijiàn, 202
to reflect, 反 映 , fǎnyìng, 155, 190
to reform, 改 革 , gǎigé, 132
to regard ... as a shame, 以...為 恥 , yǐ ... wéichǐ, 76
to regard ... as an honor, 以...為 榮 , yǐ ... wéiróng, 76
to regard ... as, take ... as, 以...為 , yǐ ... wéi, 76
to regard someone as; to be, to work as, 當, dàng(dāng), 84
to regard...as, 把...看 作 是 , bǎ...kànzuòshì, 178
to regard...as..., 當 作 , dāngzuò, 91
to register, 註 册 , zhùcè, 17
to relax in the shade or in the breeze, 乘 涼 , chéngliáng, 100
to renovate, 修 , xiū, 22
to represent, 代 表 , dàibiǎo, 129
to resemble, 像 , xiàng, 22
to reserve, 訂 , dìng, 76
to resolve, 解 決 , jiějué, 117
to respect , 尊 敬 , zūnjìng, 46
to rest assured, 放 心 , fàngxīn, 18
to return (something) , 歸 還 , guīhuán, 230
to ride (a bike, a horse, etc.), 騎 , qí, 2
to rinse (in a container), 涮 , shuàn, 39
to rob, 搶 劫 , qiǎngjié, 108
to ruin; to destroy, 破 壞 , pòhuài, 208
to rule, to reign, to govern, 統 治 , tǒngzhì, 230
to run into , 遇 到 , yùdào, 238
to save, to rescue, 救 , jiù, 8
to save, to use sparingly, to economize, 節 省 , jiéshěng, 109
to savvy, to really understand, 懂 得 , dǒngdé, 202
to scold, 罵 , mà, 46
to see, 見 , jiàn, 2
(to see) with one's own eyes, 親 眼 , qīnyǎn, 171
to seem, 好 像 , hǎoxiàng, 46
to sell, 賣 , mài, 101
to send, to dispatch, 派 , pài, 1
to shorten , 縮 小 , suōxiǎo, 141
to show, 顯 得 , xiǎndé, 185
to show (in this context), to illustrate, to clarify, to explain, 說 明 , shuōmíng, 129
to simplify, 簡 化 , jiǎnhuà, 246
to spend money, 花 錢 , huāqián, 128
to spit (phlegm), 吐 痰 , tǔtán, 197
to spoil (a child), 慣 養 , guànyǎng, 184
to stand, 站 , zhàn, 59
to stay, to remain, 留 , líu, 53
to steal, 偷 竊 , tōuqiè, 108
to stir fry, 炒 , chǎo, 33
to stop, to impede , 阻 止 , zǔzhǐ, 162
to store; to load, 裝 , zhuāng, 9
to strive for, to fight for , 爭 取 , zhēngqǔ, 177
to strive to be ahead of others and fear to be behind, 爭 先 恐 後 , zhēngxiānkǒng hòu, 60
to study, 學 習 , xuéxí, 52
to substitute, to replace, 取 代 , qǔdài, 230
to suffer , 受 罪 , shòuzuì, 52
to suit, to fit, 適 合 , shìhé, 247
to supply; to furnish, 供 應 , gōngyìng, 10
to surround, to beseige , 包 圍 , bāowéi, 203

to surround, to encircle, 圍 , wéi, 83
to swim, 游泳 , yóuyǒng, 184
to sympathize , 同情 , tóngqíng, 101
to take a bath or shower, 洗澡 , xǐzǎo, 10
to take a taxicab, 打的 , dǎdī, 115
to take a vacation , 渡假 , dùjià, 92
to take a walk, 走走 , zǒu.zoǔ, 46
to take advantage of, to use, 利用 , lìyòng, 75
to take care of, 照顧 , zhàogù, 163
to take care of children, 看孩子 , kānháizi, 170
to take over (territory, government) , 接收, jiēshōu, 230
to tear down (a house, etc.), 拆 , chāi, 202
to the north of, 以北 , yǐbǎi, 216
to train, 訓練 , xùnliàn, 184
to travel, to tour, 旅遊 , lǚyóu, 196
to treat , 看待 , kàndài, 84
to turn on, 開 , kāi, 110
to understand, clear and definite , 明白 , míng.bái, 123
to undertake (a job), to work as, 當 , dāng, 170
to urge, to advise, 勸 , quàn, 108
to urinate, 小便 , xiǎobiàn, 59
to use...as, 當成 , dāngchéng, 69
to visit (a place) , 參觀 , cānguān, 27
to wait, 等 , děng, 2
to wait (formal) , 等候 , děnghòu, 83
to wake up, 醒 , xǐng, 17
to walk birds, 遛鳥儿 , liùniǎor, 91
to walk dogs, 遛狗 , liùgǒu, 91
to weigh, 稱 , chēng, 82
to welcome and receive guests or visitors; to pick someone up, 接 , jiē, 1
to window shop, to stroll down the street , 逛街 , guàngjiē, 108
to withdraw money from a bank , 提錢 , tíqián, 59
to worry, to be worried, 擔心 , dānxīn, 18
to worry; worries , 煩惱 , fánnǎo, 163
together, 一起 , yìqǐ, 47
toilet paper , 衛生紙 , wèishēngzhǐ, 8
tomato, 西紅柿 , xīhóngshì, 82
too much, more than enough, 過多 , guòdūo, 60
tools, equipment , 工具 , gōngjù, 108
topic, 話題 , huàtí, 69
tourist, 觀光客 , guānguāngkè, 134
tourists, 遊客 , yóukè, 196
toward, 向 , xiàng, 132
town, 鎮 , zhèn, 60
trademark, 商標 , shāngbiāo, 218
tradition , 傳統 , chuántǒng, 176, 190
traditional Chinese-style compound with rooms around a courtyard, 四合院 , sìhéyuàn, 22
traffic; transportation, 交通 , jiāotōng, 61
(traffic) jam, 堵塞 , dǔsè, 115
train , 火車 , huǒchē, 76
training; to train, 訓練 , xùnliàn, 245
transformation, change, 變革 , biàngé, 244
transitional, 過渡 , guòdù, 135
transportation (literary), 行 , xíng, 117
treatment , 待遇 , dài.yù, 27
trees, 樹 , shù, 22
trend, 潮流 , cháoliú, 246
trend, direction , 趨向 , qūxiàng, 246
trip, travel (literary), 行 , xíng, 154
troops , 軍隊 , jūnduì, 230
trust , 信任 , xìnrèn, 238

U

unavoidable , 不可避免 , bùkěbìmiǎn, 60
unceasingly, continuously, 不斷 , búduàn, 244
under, 在...下 , zài ... xià, 176
under (abstract), 在...之下 , zài...zhīxià, 149
uneasy, not feeling at peace, 不安 , bù'ān, 2
unendurably dirty and smelly, 髒臭不堪, zāngchòubùkān, 155
unequal distribution of wealth, the disparity between the rich and the poor , 貧富不均 , pínfùbùjūn, 141
unexpectedly, 竟 , jìng, 83
unexpectedly, 居然 , jūrán, 128
unforgettable , 難忘 , nánwàng, 102
unfortunate, 不幸 , búxìng, 129
unrealistic, impractical, 不切實際 , búqièshíjì, 246
unscrupulous; , 不擇手段 , bùzéshǒuduàn, 133
up to now, 到現在 , dàoxiànzài, 148
up to the present, 至今 , zhìjīn, 215
usually, 平常 , píngcháng, 67
utilitarian oriented; focused on material gain, 功利 , gōnglì, 191

V

van which is used as a taxi; "bread-loaf taxi", 麵的, miàndī, 116
various kinds of, 種種, zhǒngzhǒng, 178
vegetables, 蔬菜, shūcài, 101
vegetables and fruits, 蔬果, shūguǒ, 101
Venice, 威尼斯, Wēinísī, 217
very early (in the morning), 一大早, yídàzǎo, 121
vicious, 惡性, èxìng, 133
viewpoint, 看法, kàn.fǎ, 47
village, 農村, nóngcūn, 189
violin, 小提琴, xiǎotíqín, 184

W

wages, 工資, gōngzī, 170
wall; fence, 牆, qiáng, 22
washing machine, 洗衣機, xǐyījī, 52
Washington, D.C., 華盛頓, Huáshèngdùn, 27
wasteful, prodigal ; to waste, 浪費, làngfèi, 110
watermelon, 西瓜, xī.guā, 101
way of teaching, 教法, jiāo.fǎ, 47
way, manner, 方式, fāngshì, 68
wealth, 財富, cáifù, 149
weather, 天氣, tiān.qì, 10
weekend, 週末, zhōumò, 52
(the) West, 西方, Xīfāng, 140
West Lake, 西湖, Xīhú, 196
western pictures, cowboy films; , 西部片, xībùpiān, 203
what kind of, 甚麼樣, shén.meyàng, 76
whether ... or ..., 也好...也好, yěhǎo...yěhǎo, 162
while, 趁, chèn, 195
whole, 整個, zhěnggè, 133
whole day, throughout the day, 全天, quántiān, 10
whole; entire, 全部, quánbù, 170
wholeheartedly, 誠心, chéngxīn, 246
wife, 太太, tài.tài, 169
within, 之內, zhīnèi, 236
women, 婦女, fùnǚ, 168
women, 女子, nǚzǐ, 214
won't do, 不行, bùxíng, 171
words, 言論, yánlùn, 246
words, expressions, 詞, cí, 67
work unit, 單位, dānweì, 117
worker, 工人, gōngrén, 169
worker, employee, 工作人員, gōngzuòrényuán, 169
workman, worker, laborer, 工, gōng, 141
(work) unit, 單位, dānwèi, 68
world, 世界, shìjiè, 38
world, 天下, tiānxià, 210
worries, 煩惱, fánnǎo, 185
would rather, 寧可, nìngkě,, 122
wrapping paper, 包裝紙, bāozhuāngzhǐ, 218
writing system; Chinese characters, 文字, wénzì, 244
written record, 記載, jìzài, 228

Y

years in a decade, 年代, niándài, 140, 177
Yangtze River, 長江, Chángjiāng, 208
Yunnan Province, 雲南, Yúnnán, 216

Z

Zhangji (name of a Tang poet), 張繼, Zhāngjì, 217
Zhejiang Province, 浙江, Zhèjiāng, 214